ブラック企業戦記

トンデモ経営者・上司との争い方と解決法

ブラック企業被害対策弁護団

角川新書

まえがき

この本は、ブラック企業被害対策弁護団（ブラ弁）に所属する弁護士たちによる、ブラック企業との戦いを記した実話集です。

当弁護団はブラック企業被害の救済と啓蒙《けいもう》活動を行うため、２０１３年に結成されて活動を続けています。通常の弁護活動の他、動画をはじめとするウェブコンテンツの発表、書籍の販売を行ってきました。

ブラック企業とは、２０００年初頭にインターネット上で使われ始めた言葉です。明確な定義はありませんが、長時間労働、パワハラ・セクハラ等の各種ハラスメント、残業代不払いが横行している会社のことを指していると言ってよいでしょう。

この言葉が生まれて約20年が経過し、その問題も認識されているにもかかわらず、ブラック企業の被害は減りません。

厚生労働省「令和5年版過労死等防止対策白書」を見ると、精神障害に係る労災請求件数は増え続けており、２０２２年度は前年度比３３７件増の２６８３件で史上最高となりました。

01年度は265件でしたので、21年間で約10倍に増えたことになります。そして、この請求件数に対する労災認定割合は3割に満たない水準です。

22年度に認定された精神障害を理由とする労災認定のうち、自死（未遂含む）は67件です。そして、このカテゴリーとは別に脳・心臓疾患に係る労災認定もありますが、そのうち死亡は54件です。つまり、「過労死・過労自死」が121件もあるのです。しかし、これは氷山の一角に過ぎません。

先ほど見たとおり、精神障害に係る労災申請に対する認定割合は3割に満たない水準です。これは脳・心臓疾患に係る労災でも同様です。それに加え、そもそも申請すらしていない労働者もたくさんいるでしょう。証拠が無くて断念した、申請する気力が無かった、死亡した労働者に身近な親族がいなくて申請する人がいなかった等々、そこには様々な理由があるでしょう。統計に表れる数字は、地獄のような状況のほんの一部しか示していません。

この国は「仕事に殺される」リスクがある国です。そのリスクを防ぐためには、自分自身で労働関連の法律に関する知識を身に付けることが必須《ひっす》です。ブラック企業があなたに正しい知識を教えてくれることはありません。「労働に関連する法律について会社が言うことは全部嘘」と思っておいた方が良いです。

この本には様々なブラック企業が出現します。どれも驚くようなエピソードばかりですが、「私の会社と同じだ」と感じる方もきっと多いでしょう。しかし、知識を得れば泣き寝入りをする必要はありません。「私は無力ではない」この本を読んでそう思っていただければ幸いです。諦《あきら》める前に、まず弁護士等の専門家に相談してください。

なお、紛争になった場合に最も重要なのは証拠です。まず、出退勤時刻は必ず自分で記録してください。出退勤時刻をきちんと記録しないブラック企業はたくさんあります。スマホアプリ、ＰＣログ、メール等、証明力の高い客観的な証拠を確保しておいてください。また、パワハラ・セクハラなども音声証拠等の客観的な証拠を保存しておくことを常に心がけてください。証拠さえあれば闘えます。

用語はできるだけ統一しましたが、各弁護士により語句の使い方や送り仮名が異なる場合があります。

２０２４年10月

ブラック企業被害対策弁護団　代表兼事務局長　明石順平

目次

付録　知っておきたい　働く人のためのキーワード　269

図版作成　小林美和子

第一章

求人広告はウソだらけ

1　家政婦紹介所

勤務時間は24時間、日給1万1700円

上田裕

労基法が適用されない「家事使用人」

ご紹介するのは、東京にある家政婦紹介所（有限会社）が相手方の事件である。

家政婦といえば、家庭における家事を補助・代行する職業に就かれている方のことで、ドラマの主人公になったりもしているようである。法律上の概念としては、「家事使用人」という職種があり、これに該当すると、労働基準法（労基法）の適用がない（労基法116条2項）。この家事使用人は家事一般に使用される労働者のことをいうが、「家政婦」＝「家事使用人」という簡単な構図にはなっていないことには注意が必要である。例えば、付き添い看護や介護の合間に家事も行う等メインの業務が家事でない場合や、家事を事業として請負う会社に雇われてその指示に従って家事を行うような場合は家事使用人には該当しない。

しかしこの規定が、無用に労基法の保護の外に置かれる根拠として利用されてしまうのである。私個人としては、この条文自体がブラックなのではないかと思ってしまう。

そしてブラック企業は、この条文を楯《たて》に「家政婦」＝「家事使用人」として、好き勝手に働かせ、正当な対価を払わないのである。

ここではその一例をご紹介する。


原告であるOさんは、家政婦紹介所（被告）から介護付有料老人ホームの入居者についての介護・家事を担当する家政婦として送り込まれていた。

その契約内容が凄《すご》い。

「勤務時間は24時間、日給1万1700円」

ちなみに、刑罰をもって禁止している長時間労働の基準が、1日8時間超である（労基法32条）。このような内容であるから、休みを取りたいときは交代要員を家政婦紹介所に依頼し、交代者が入っている間だけ職場を離れることができるという過酷な労働環境である。

Oさんは体力の限界を感じて退職を決意するが、相談者の息子（元バンドマンで探偵というしっかり者！）が、この働き方はおかしいのでは？　と思っていろいろ動き回り、最終的に弁護士のところに相談に来られたのがきっかけである。

Oさんの働き方をうかがうと、形式的には家政婦紹介所からの紹介で、いわゆる一般的な「家政婦」として、有料職業紹介（職業安定法〈職安法〉4条3項）の体裁だという。老人ホームの入居者の居室で身の回りの世話をするというものだった。

しかし内容は、掃除・洗濯・食事の用意といった日常家事は仕事の中心ではなく、全体の中の一部でしかなかった。具体的には、ストーマー装具の交換、食事介助、入浴介助等が中心で、24時間介護の仕事に、居室の清掃等の家事が付加されているといった程度であった（なおストーマーとは人工こう門のことである。消化管の疾患などにより、便を排泄《はいせつ》するために腹部に造設された消化管排泄孔をストーマーといい、便を貯めるための袋を定期的に交換する必要がある）。そして、この介護に関しては、ケアマネージャーのケアプランに従って行い、介護保険を適用していた。

つまり、Oさんの仕事の内容は、老人ホーム入居者（特定の1人）の生活全般の「介助」「介護」であって、「家事」はごく一部に過ぎなかったのである。

しかも、家政婦紹介所での取り決めをみると、「法人の一員（職員）であることを忘れがちである。しかしあくまで組織の一員だ」などと戒めており、あくまでもOさんは家政婦紹介所の組織に所属しており、さらには、家政婦紹介所がOさんの「給料」を支払っていた。源泉徴収も行っていた。

そうすると、Oさんは家事使用人と見るべきではなく、家政婦紹介所に在籍する介護職員であって、グループホームに派遣されて稼動する労働者とみなければならないのである。

しかし家政婦紹介所は、Oさんは家政婦であるとして、日当1万1700円しか支払っていなかった。

毎月の残業時間は500時間超

ここで、Oさんの賃金を計算してみよう（便宜上、週40時間超と休日労働の計算は省略する）。基準となる賃金額が不明であるので、最低賃金で計算してみることにする。当時の東京都の最低賃金は766円だったのだが、労働時間が1日あたり24時間になるので、時間外労働が16時間、深夜労働が7時間となるため、1日で2万2788円という計算になる。日当が1万1700円であるから、毎日1万1088円の未払いという計算になる。24時間勤務の対価が2万2788円ということ自体が驚異的な低さではあるが、毎日1万円超の未払いということもまた驚異的である。

そして、24時間勤務とすれば、毎月の残業時間は約500時間になる。実際のところ、夜間は被介護者の部屋で仮眠となるため不活動時間もそれなりに多いが、24時間対応を要請されていることには変わりが無い。

実はこの裁判、先程登場した、Oさんの息子（元バンドマンで探偵）が自ら訴状を作成して訴えを提起していた。家政婦紹介所に代理人が就いたため、私への依頼となった訳である。

訴訟の途中から介入していくのはやりにくいが、

①稼動の実態は「家事」ではなく「介護」であり、労働者に該当すること

②家政婦紹介所の基本指示に従い、個別の指揮命令をするのが入居者であることから、実態は派遣であること

以上の主張を中心に組み立て直し、未払残業代を計算し直して改めて主張することにした。

ブチ切れた裁判長

会社側の代理人は、就労時間が24時間であることについて、「24時間契約の家政婦だから当然である」「何の問題も無い」と回答し、裁判期日の度に、「家政婦なのだから（訴訟を）取り下げたら如何《いかが》か」と言っていた。まさにブラック企業に寄り添うブラック士業というべきだろう。

この裁判は東京地方裁判所立川《たちかわ》支部で行われていたが、裁判官も本件の働き方の酷《ひど》さを見て、これは救済しなければならないと考えたのだろう。毎回、原告の働き方の実態やどのような指示が出されていたのかについて資料提出を求める等、労働者であることを固めるよう

な事情の補足を求めてきた。

会社側は尋問においても、そのブラックぶりを遺憾なく発揮した。会社の代表者は、会社側の代理人からの質問には答えるが、こちら側からの質問には、「よく覚えていません」「忘れました〜」といって何も答えないという態度で、ブラック企業の経営者を絵に描いたような人物であった。

試しに、会社の代理人が聞いたことと同じ質問をしたところ「覚えていません」と回答した。態度が徹底している。これにはさすがの裁判長もブチ切れて、「きちんと答えなさい」と指示をだしていたが、それでも「忘れました〜」を連発していた。

結果、原告は労働者であると認定され、未払賃金・残業代の支払いを命ずる判決となり、会社は控訴したが、東京高等裁判所で十分な水準での和解となった。

あまりにも信用できない会社&代理人であったため、和解金は席上での現金交付となり、帰り道、大金を抱えて緊張したことを覚えている。

2　都心の一等地にある薬局

働き始めて1週間で会社が売却、正社員が水の泡

市橋耕太

ブラック経営者は3タイプに分けられる

ブラック企業の経営者には、大きく分けて3種類のタイプが存在すると思う（異論は認める）。

1つめは、自身の労務管理が違法であると自覚した上で、しかし儲《もう》けるためにそのことを利用する生粋のブラック経営者である。このタイプはズル賢く、法の抜け道やどうやったら労働基準監督署（労基署）に睨《にら》まれないかといったことを考えたりもする。ＩＴ業界などの新興産業に多い印象がある。

2つめは、社長＝万能と勘違いしているタイプである。以前、「会社の法律は俺だ」などと豪語したエステサロン経営者が話題になったが、彼はそのタイプであろう。この書籍に登場するのも、このタイプが多いかもしれない。このタイプは、往々にして墓穴を掘ることも多く、裁判などで自滅することもしばしばある。中小企業のワンマン社長にこのタイプが多

い印象である。

　そして、3つめは、自分のやっていることの違法性がよくわかっていない、いや、そもそも「適法なのか違法なのか」といったことをあまり考えないタイプである。このタイプには、悪意がなく罪の意識も薄い場合がある。優しい性格だったりもするので、働く人の側もブラックであると認識していない（認めたくない？）場合もある。

　しかし、ブラックはブラック。黒は黒である。今回は、もしかしたら最も多いかもしれないこの3番目のタイプの事例を紹介したい。

　ブラック企業といえば1番目・2番目のタイプを思い浮かべがちだが、読者の皆さんも3番目のタイプの被害に遭っているかもしれないことを注意して欲しい。

働き始めて1週間で会社が売却

「騙《だま》されました!!」

　相談者のAさんは悔しい思いをにじませながら、自身の置かれた状況を説明してくれた。

　Aさんは女性の薬剤師、相手方はM薬局である。M薬局は都心の一等地にあり、経営者であり自身も薬剤師であるK氏は、やはり一等地に自宅を構えた資産家でもあるという。

　Aさんは、相談日の2週間ほど前に正社員として雇われた。子育てのためにしばらく現場を離れていたが、お子さんも大きくなり、薬剤師として復帰しようと長く働ける職場を探していた。先に決まりかけていた薬局を断り、より働きやすそうなM薬局を選んだ。

働き始めて1週間。Aさんは社長のK氏から衝撃的な発言を受ける。

「2か月後にこの薬局を売ってしまうんだけど、Aさんどうする？」

詳しく話を聞いてみると、どうやらこういうことらしい。M薬局の経営は芳しくなく、K氏は半年以上前からM薬局を丸ごと事業譲渡してしまおうと考えていた。そして、ついに売却先が決まったのだという。しかし、売却先で全ての従業員は受け入れられない。そのことを知った多くの従業員は、早々に転職先を見つけて退職していった。Aさんの予想では、その人手不足を補うために自分が雇われたのではないかという。そして、入社した直後に、事業譲渡をすることを告げられたのだ。

事業譲渡の場合に雇用関係がどうなるのかということを確認しておこう。ある会社とある会社との間で事業譲渡が行われる場合、譲渡の対象となるものの範囲は事業譲渡契約（つまり、会社どうしの契約）の内容によって決まる。雇用が受け継がれるのかどうかについても、契約の内容次第だ。さらに、譲渡の対象になったとしても、雇用関係の移転については労働者（今回はAさん）の同意が必要となる。

正社員募集なのに「はじめは試用期間」

今回の事業譲渡に関していえば、Aさんの雇用も一応譲渡対象になっているという。しかし、その場合も半年足らずで契約は終了となると言われているらしい。それはおかしい。正社員としての契約が引き継がれれば、譲渡先でも正社員として扱われるはずである。

不思議に思った私は、契約書を確認させてもらった。やられた……！　契約期間が半年になっている。「はじめは試用期間だから」とか、「みんなはじめは有期契約で入ってもらうんだ」などという説明はブラック企業の常套句《じょうとうく》であり、いわゆる求人詐欺（求人内容と実際の労働条件が異なること）の典型例である。これでは譲渡先に雇用関係が移転しても、半年で切られてしまう可能性が高い。

Aさんは譲渡先への移転は望んでおらず、M薬局を直ちに辞めたいと考えていた。しかし、M薬局やK氏に対して、何らかの責任追及をしなければ気が済まないという。

事業譲渡契約がたった1週間で決まるはずはなく、Aさんの採用を決めた時点でかなり話が進んでいたはずである。あるいは、その時点ですでに話はついていたのかもしれない。そして、そのことを隠したまま正社員として（契約書上は有期社員として）Aさんを雇っている。このことは、労働者に対する重大な説明義務違反に該当するのではないか。私は、求人詐欺を行った点と併せて、このことについて損害賠償責任を追及してはどうかと考えた。

Aさんは裁判などによって紛争が長期化することは避けたいということで、早速交渉を開始することとした。私が代理人になったことを通知した後、K氏との初対面のときを迎えた。

さて、どんなブラック経営者が出てくるやら……。

「ど〜も、この度はご迷惑をおかけしまして」

先に待っていたその人は、いかにも人の良さそうな年輩の紳士であった。

「私、法律なんかには全く疎いものでして……今回ご連絡をいただくまでは何か悪いことをしていたということすらわかりませんで」

……拍子抜けである。しかし、その後のK氏の話を聞いていると、ふつふつと怒りがこみ上げてくる。

労働者を駒としか考えない経営者

事業譲渡について説明せずにAさんを雇った理由について、

「いや〜、売り抜くまでしのがなくてはと思いましてね。でもどんどん従業員が辞めてしまうので……誰か来てくれないかと求人を出したんですよ。Aさんが入ってくれて助かりましたよ〜。よし、これでなんとかしのげると思いました」

そう笑顔で語るK氏の言葉から罪悪感を読み取ることはできなかった。労働者は駒ではない。すぐに売却される店をたった2か月もたせるために、労働者を騙して雇い入れる。それによってAさんはもう一つの就職先を断っている。Aさんは不安を抱えてまた就職活動をしなければならないのだ。

契約期間が半年になっていることについては、私の予想とは異なり、

「それはむしろ『半年は働いてもらいますよ』という意味なんですよ。すぐに辞められては困りますからね」

どこまでも自分と会社のことしか考えていないのだな、と感じた。

表情を変えまいとこらえていた私をよそ目に、はにかんだK氏は続ける。

「いや〜、先生からいただいた通知を妻に見せたら、『それはあなたが悪いわよ』と言われてしまいましてね〜。それではじめてAさんに悪いことをしたのだと知りまして〜」

思いっきり説教してやろうかと思ったが、一通りK氏の話を聞いた上で、K氏の行為は重大な説明義務違反にあたること、それを理由とする損害賠償請求をする意向である旨を話した。丁寧な説明を試みたところ、K氏はあっさりと非を認め、こちらの要求をほぼそのまま受け入れる形で、合意退職と○か月分の解決金の支払いに応じた。

故意に違法な労務管理を行うブラック経営者ももちろん問題だが、労働法規の無知や無関心によって労働者を苦しめるのであれば、それは等しく罪深い。読者の皆さんやその周りの

方は、自身の労働条件や労働環境に不満を抱きながらも、「でも社長悪い人じゃないから」などという理由でその状況を甘受してはいないだろうか。

今回のAさんは、正常に怒りを抱き、正常に対応した。Aさんのように声を上げる人が、当たり前であって欲しいと思う。

なお、Aさんはその後無事に次の就職先が決まり、現在は新しい職場で働いているようだ。

3　家庭教師の派遣会社

誇大広告で入社させ、1日11時間、週休1日の過重労働

城戸美保子

提示された労働条件がいきなり労基法違反

まず紹介するのは、家庭教師を派遣する福岡の会社である。

K氏から受けた相談は多岐にわたった。2回の減給、突然の解雇、残業代・最後の給与及び解雇予告手当の不払い（＊）、離職に伴い120万円支払う念書を理由に数万円払った、というものだった。

他県在住のK氏の入社のきっかけは、知人から福岡県で支店を立ち上げれば、売上の一定割合を払うと誘われたことである。K氏は条件にひかれ、研修で福岡へ。社長から、労働時間は12時〜21時30分、休憩50分、日祝休みとの説明を受ける。この時点ですでに、1日8時間40分・週6日の点で労基法32条1項および2項、8時間超労働で1時間休憩でない点で34条1項、賃金明示がない点で施行規則5条1項3号に違反している。しかし我が国の労働者教育がお粗末なため、K氏は逃げることができなかった。

研修中、支店の話はなくなったと告げられ、福岡で働くよう誘われたK氏は、混乱のあまり承諾してしまう。社宅に引っ越したところから、奴隷のような扱いが始まる。初日、経理の手伝いと人事の担当を指示され、教師と約200人の顧客の管理調整、教師の研修など膨大な業務をいきなり担当することになった。その結果、K氏は毎日、11時30分から22時まで、最低10時間30分働かざるを得なくなる。休日に研修や顧客と教師との連絡の仲介を担当させられることもあったそうである。

この会社はホームページ等であたかも九州一円にリーズナブルな価格で専門の家庭教師を派遣できるかのように謳《うた》っていた。しかしながら、K氏が働き始めて気付いた会社の実態は、家庭教師のアルバイトを希望する学生に交通費も出さず遠方の家庭教師を押し付けながら利益を出しているというものであった。K氏は、嫌がる学生に遠方の派遣を押し付ける役回りをさせられたのが一番苦痛だったという。

K氏の賃金は、基本給14万円、精勤手当2万円、皆勤手当1万円。当初払われた変動制の業績給（数万円）を入れても、労働に見合うものではなかった。しかも入社後10か月は、営業でないのに賃金変動はおかしいとの理由で一方的に業績給が2万に下げられた。

働き始めて1年が過ぎたころ、こんなことがあった。ある営業担当者が獲得した客の解約が続いた際、K氏は責任者でないのに、社長から始末書を書くよう要求された。反論すると責められると思い、始末書を提出した。

勤続2年目になると、突然月給を4万円減額された。K氏は、減らされた給与は元に戻らないだろうと感じ上司に引継後の退職を申し入れると、社長から「給与をもらってから言うのはどうなんだ」と即解雇されてしまう。

給与支払いは会社の義務であり（労基法24条2項）、労働者に退職の自由がある（民法627条）ため、社長のパワハラ体質がうかがえよう。しかも、解雇の際「お前のせいで120万円の損害が出た」と言われ、毎月1万円支払うとの念書への署名を強要された。「署名しないのであれば、親を呼べ」と脅迫され、K氏はやむなく署名。自分に支払義務があると誤解し、数か月間支払った。そもそも社長の物言いは恐喝（刑法249条2項）なので、言われた時点でなんとか口実を見つけて、その場を離れ110番通報してほしかった。多くの若者がこのような目に遭わないで済むように、義務教育の間に「何かあったら弁護士に相談を」と教えてほしいと切に願う。

私がこの事件を受任した後、減額前の賃金を前提に解雇予告手当、最後の賃金、残業代及びパワハラを理由とする損害賠償を請求する内容証明を会社に送った。すると、会社は「業務委託契約における受託者にすぎないので、一切の支払義務が存在しない」と回答した。

そこで私はK氏に「労働審判か、訴訟をするしかない」と伝えた。

「労働審判」とは、解雇や給料の未払いなど、労働者と雇用主との間の労働関係のトラブルを迅速に解決するための手続である。訴訟が、1~3名の裁判官が担当するのと異なり、労働審判の場合、労働審判官（裁判官）1名と労働審判員2名で組織する「労働審判委員会」が行う。労働審判員は、雇用関係の実情や労使慣行等に関する知識と経験を持つ人物から選ばれる。訴訟とは異なり、非公開で実施される。また労働審判の場合、原則として3回以内の期日とすることが定められているため、訴訟に比べ、早く結論を得られるが、パワハラのような、労働者と雇用者の主張に開きがある場合、慰謝料の支払いは期待できない（314ページ~のキーワード⑪も参照）。

K氏の場合、証拠が少ないので、労働審判では解決金が低額になる可能性が高いとも説明した。それでも早く解決したいとのことだったので、労働審判を申し立てた。

「彼女の手帳」で労働時間を証明

まず残業代について、会社がインターネット上の求人サイトに掲載した労働条件や、会社のホームページ上の営業時間に関するサイトを印刷したもの、本人の陳述書、一部の出退勤時刻を窺《うかが》わせるK氏の彼女の手帳により立証するとともに、会社にタイムカードの提出を求めた。

しかし、会社は第1回期日の直前になってもタイムカードを提出しなかった。また、第1回期日では、K氏は出退勤自由な営業受託者だったとして、労働者性を否定し、「120万円払う」との念書は有効と反論した。仮に、K氏が労働者だとしても、時間外労働が存在せず、懲戒解雇は有効と反論した。

私は、第2回期日において、会社が提出した就業規則、業務の改善に言及するK氏への書面、その始末書、固定給を根拠に、K氏の労働者性について再反論した。ちなみに、会社の就業規則には、出退勤や業務経過、営業結果の報告を義務づけ、稼働日が所定日数に満たない場合に所定賃金を払わないと記載されていた。

タイムカードについては、会社は最後まで、K氏は出退勤自由な営業受託者だったとして提出しなかったが、第2回期日で私は、K氏の解雇直前にK氏を手伝うため1人雇われたことを指摘し、K氏の業務の過重性を明らかにした。

その際、元同僚の陳述書を提出し、K氏の出退勤時刻及び業務内容の立証を試みた。さらに、残業代計算の際、家庭教師派遣業の時期的な繁忙傾向を踏まえつつ、始業時刻を午前10時または午前11時30分、終業時刻を一番早く退社していた時刻である午後10時に設定し、稼働しているかどうかわからない日や時間は算入していないと再度説明した。

陳述書というのは通常、弁護士が完成させて陳述する人に署名捺印《なついん》してもらうのが一般的である。しかしこのときは、元同僚が県外にいるなど様々な事情が重なり、陳述書を元同僚に送って署名押印したものを送り返してもらう時間的余裕はなかった。そこでやむなく、K氏の手書きの陳述書をそのまま提出していた。

すると、法曹資格を持たない審判員から思いがけないことを言われたのだ。

「弁護士が陳述部分をすべて入力し、最後に陳述者本人に作成年月日と氏名を記入押印させたのではなく、陳述者本人がすべて手書きしているため、非常に信用できる」

いつもデータ入力した陳述書を提出している弁護士としては、陳述書が手書きであることが有利に働いたのは想定外であり、複雑でもあった。

会社は、減給、解約ないし懲戒解雇を裏付けるため、K氏の「始末書」及び退職届に加え、新たにK氏が仕事を怠けていたと述べる労働者H氏の陳述書を提出。私は、H氏は、K氏が解雇された後に雇われた人物にすぎないため、H氏の陳述書は信用できないと指摘した。また K氏が当時自らの意思で退職したのであれば、離職の際に会社に120万円を支払う旨の約束を守るため、とうに就職しているはずだが、K氏が未《いま》だ無職であることからも、K氏が自ら退職したと認めるのは不合理である、K氏が解雇された後に念書に基づき数回支払ったのは、念書が真意に基づくことの表れではなく、社長による精神的支配から解放されるまで数か月かかったことを意味する、社長がK氏が支払わなくなった後の100万円を超える債権につき何も手続していない経緯からも、K氏の念書が違法なことを示していると指摘した。

社長は、営業時間とK氏の労働時間との矛盾、就業規則から窺われる様々な労務管理の実態、約120万の念書強要による墓穴を自覚したのか、第3回期日には現れなかった。同期日にて、労働審判委員会が「調停不成立であれば、会社に一定支払いを求める審判をせざるを得ない」と会社の代理人に告げると、代理人は社長と長時間電話のやり取りをした後、約60万円を支払うとの和解に応じた。

代理人という点で見ても、当方が労働実態を一貫して主張したのに対し、会社側の代理人は、会社にタイムカードを提出させないうえ、場当たり的に事実に反する主張をさせており、その対応からかえって労働者側の主張の信ぴょう性が増したのではと思う。「正直者は救われる」が現実化した事案であった。

＊　労働基準法20条1項は、使用者が労働者を解雇する場合、30日前に予告するか、予告をしない場合は30日分の平均賃金を支払う義務を定めている。解雇予告手当とは、この解雇予告の代わりに支払われる30日分の平均賃金のこと。

第二章

ハラスメントの暴風雨

――セクハラ、パワハラ、マタハラ

1　市の環境センター

警察や産業医に相談しても収まらなかったパワハラで自死

金子直樹

ハラスメントの国際条約を批准していない日本

「パワーハラスメント」という用語が一般化して久しい。２０１９年6月21日、ＩＬＯ（国際労働機関）総会において、労働の世界における暴力とハラスメントを禁止する条約・勧告が圧倒的多数で採択された。

同条約では、暴力・ハラスメントを、ジェンダーに基づくものを含め、物理的・心理的・性的・経済的な損害をもたらすか、受け入れがたい行動・慣行と幅広く定義し、契約形態を問わず稼働者や退職者などを対象に含むものである。加盟国は、労働の世界における暴力・ハラスメントを定義し、禁止し、使用者に防止措置を義務づけることなどの措置を採ることが義務づけられた。

我が国においても、令和元（２０１９）年5月29日「女性の職業生活における活躍の推進に関する法律等の一部を改正する法律」が成立した。これを受けて改正された労働施策総合推進法では、国の義務を次のように定めた。

「職場における労働者の就業環境を害する言動に起因する問題の解決を促進するために必要な施策を充実すること」

　また、事業主の義務としてはこのように定めている。

「職場において行われる優越的な関係を背景とした言動であって、業務上必要かつ相当な範囲を超えたものによりその雇用する労働者の就業環境が害されることのないよう、当該労働者からの相談に応じ、適切に対応するために必要な体制の整備その他の雇用管理上必要な措置を講じなければならない」

　条約と改正法を比較すると、改正法はあくまでも「職場において行われる優越的な関係を背景とした言動」であって、『パワー』の中でも「優越的な関係」を前提としているため、条約よりも相当範囲は狭いといえる。また、対象も「労働者」に限定しており、ハラスメント自体を禁止したものではなく、事業主に救済制度を採る措置を義務づけたものにとどまっている。

　従って、日本は条約に賛成の立場を取ったが、批准には至っておらず、さらなる法整備が課題である。

　では現在の法律では、パワーハラスメントは禁止されていないため労働者が保護されないのか？　決してそのようなことはない。労働契約法5条は次のように定めている。

「使用者は、労働契約に伴い、労働者がその生命、身体等の安全を確保しつつ労働することができるよう、必要な配慮をするものとする」

これは、いわゆる安全配慮義務というもので、その具体化として、使用者に適切な職場環境を調整するよう求める義務も含まれるものと解されている。

パワーハラスメントに関しては、私が担当した「さいたま市環境局職員事件」東京高等裁判所平成29（2017）年10月26日判決（労働判例1172号26頁）において、
①精神疾患の既往症のある労働者に対する安全配慮義務違反が問題となる場合
②パワハラに関して使用者の安全配慮義務違反が問題となる場合
の2つの場面における規範が出されている。今回紹介するものだ。

これは、さいたま市のゴミ処理の部署（環境センター）に勤務する職員A（うつ病の既往あり）が、先輩とペアを組まされ、殴る等のパワーハラスメント行為（パワハラ）を受けた結果、うつ病を悪化させて自死に至った事件につき、損害賠償請求をした事案であった。

係長の指示により、問題となる先輩（B）を指導係としてペアを組まされており、センタ

ー外部での業務は、主にAが運転する自動車で、AとBの2人きりで行っていた。

ペアとなってからすぐに、AはBから自動車の運転が荒いなどとして、脇腹を殴る等の暴行などのパワハラを受ける。Aは係長にBからのパワハラを訴え、ペアの解消を求めるなどした。係長は要請を受けて、一度ペアの解消に関する話し合いをA、B及び係長の3名で実施した。その話し合いがうまくいかなかったことから、Aから話し合いのやり直しを求めたが、係長はこれを拒否し、協議の前からも含めて、パワハラに関する事実確認等は一切されなかった。

その間、AはBからの暴力を警察に相談したり、効率化を理由としてペアの解消を係長・所長に提案したり、市民からの通報を装ってBの問題点を指摘したりした。体調不良の原因がBにあることを、主治医や所長に訴えたりもしていたのだ。

裁判所が市の責任を認める

本判決は、まずパワハラの事実の存否について、地裁の事実認定を一から詳細に認定し直し、市側の反論を詳細に否定したところから始まった。その上で、平成23（2011）年4月21日ころの暴力及び同年7月末頃まで、職場における優越性を背景とした暴言等のパワハラを継続的に受けていたものと推認することができるとした。

そして市の責任を認定するに当たり、本判決で出された判断基準の一つ目は、①「安全配慮義務には、精神疾患により休業した職員に対し、その特性を十分理解した上で、病気休業中の配慮、職場復帰の判断、職場復帰の支援、職場復帰後のフォローアップを行う義務が含まれる」というものである。

この判断基準は使用者に対して、精神疾患に関する特性の理解を促進し、単に労働者を休職させるだけでは足りず、復職後に至るまで適切な措置をとることを求めている。これは、昨今急増している精神疾患の労働者を雇用する使用者にとって、非常に慎重な対応が求められることを示しているのではないだろうか。

また、②職場環境調整義務のひとつとして、使用者にパワハラを防止する義務を課し、特に「パワハラの訴えがあったときには、その事実関係を調査し、調査の結果に基づき、加害者に対する指導、配置換え等を含む人事管理上の適切な措置を講じるべき義務を負う」とした。

この判断基準によれば、パワハラがあった場合、労働者は使用者に対してその事実を訴え、適切な措置を求めることができることになるのではないだろうか。

本件に関していえば、職場復帰後のフォローアップという観点において、市にはAの休職等の情報を共有することが望まれたが、職場復帰後の状況の詳細が不明だったため直ちに安全配慮義務違反とはいえない。とはいえAからのパワハラの訴えに対し、事実関係を調査して適切な措置を講じる義務があるのに、事実確認を行わず、その後も放置した。以上のことから、職場環境調整義務違反を認めた。さらに、Aから体調不良・自殺念慮等の旨を伝えられて以降、主治医や産業医等に相談するなど適切な措置を怠り、Aの精神状況を悪化させ、うつ病の症状を増悪させたという点においても安全配慮義務違反があると判断された。

現状でもパワーハラスメントは違法である！　労働者はパワハラに負けず、きちんと事実を訴えていくべきと考える。

2 腎透析の病院

院内感染を対策しようとした看護師を罵倒、退職強要まで

笠置裕亮

感染症対策が不十分で地元でも話題の病院

舞台は、とある腎《じん》透析病院である。この病院では、院内感染対策が不十分であることや医療スタッフに業務知識がないことが、地元の他の病院でも話題となっていた。病院の立て直しのため、院内感染対策を整備しなおし、スタッフ教育まで行える人材を確保することが急務であった。そこで白羽の矢が立てられたのが、様々な病院で院内感染対策に従事してきた経験の豊富なベテラン看護師のTさんであった。

病院の実質的経営者である事務長は、Tさんに対して何度も入職を誘いかけた。その結果、Tさんはその病院に入職することに決めた。

Tさんはさっそく感染管理マニュアルを作成し、スタッフに対する教育を実施した。ところが、Tさんを待っていたのは古くからのスタッフからの猛反発であった。そのなかには、医療機関であるにもかかわらず用便後に手を洗わない、注射針の処理も適当、針から血液が

漏れてシーツに飛び散っても知らんぷり、診療記録も自分の想像で書いてしまうといった問題行動を繰り返す者がいた。

Tさんは、そうした行動に対してきちんと指導をしていたが、当人は言うことを聞かず、むしろそのようなTさんの意見を煙たがるようになった。一方、事務長はTさんが入職してしばらくは、特に意見を述べていなかった。

Tさんは入職して数か月後、使用済み注射針の処理について、所定の管理ボックスに入れて厳重に保管するべきだという意見を事務長に述べた。使用済み注射針は、万が一散乱してしまうようなことがあると、針に付着している血液を介して、とたんに院内感染が広がってしまいかねない。そのため医療機関においては、専用の黄色い針回収ボックスに入れ、入れたら二度と取り出さないようにするという取り扱いにしなければならない。

ところが事務長は、突然Tさんを罵倒《ばとう》し始めた。

「きれいごとばかり言うんじゃない！」

「ばーか。こんなことをしているから金がかかるんだ。いくらかかると思っているんだ」

「適当な箱に一旦《いったん》針を捨て、その後箱から針を取り出してゴミ箱に捨てるようにしなさい」

Tさんは、院内感染対策を進めるために入職したからこそ、どの医療機関でも普通に実施している初歩的な感染対策について進言をしたのだ。にもかかわらず、全否定されるばかりか人格までも否定され、大変なショックを受けた。

以降、Tさんは事務長から連日罵倒され、挙句の果てに退職勧奨を受けるようにもなった。理不尽極まりない凄絶《せいぜつ》なパワハラを受け続けているにもかかわらず、職員もTさんの言うことを聞かず、味方になってくれる者もいなかった。苦しい立場に追い込まれてしまったTさんはうつ病を発症し勤務できなくなってしまった。

保健所も立ち入り検査

その後、Tさんは院外の労働組合に加入して団体交渉を申し入れ、休職期間（所定では1か月しかなかった）の延長、労災申請手続への協力、職場環境整備について議論したが、病院は聞く耳を持たなかった。うつ病がわずか1か月で治るわけもなく、休職期間満了で自動退職扱いとなってしまった。

労働委員会を舞台に、病院の対応の違法性が争われることになった。しかし、労働委員会等での最終解決を待っていると、この病院で院内感染が現実に生じ、取り返しのつかない状態になりかねない。唯一、院内感染対策を精力的に進めていたTさんが職場から追い出されてしまったため、対策がさらにおざなりになることは明らかだった。

そこで労働組合は、地元の保健所に指導を要請するとともに、県議会でも追及してもらうという取り組みを開始することにした。保健所もまた、この病院のひどさを問題視し、立入検査を何度も行い、Tさんが指摘していた事項を是正するような指導文書が出されることとなった。

労働委員会では職員に対する尋問も実施されたが、出廷した職員自身の口から、「病院の中は物が散乱していた」という証言が出てくるほど、院内感染対策の稚拙さが浮き彫りとなった。解決の道筋が探られた結果、社会的に見て相当な内容の解決が図られることとなった。保健所からどのような指導が出されたかなど、本件の詳細は組合のホームページに情報が出ているのでぜひご覧いただきたい（https://uniyokosuka.web.fc2.com/keika.pdf）。

職場環境を整える気のない経営者は、職員や顧客に対しても冷たい。そのことを実感させられた事件であった。

円満解決が図られたものの、ご本人が受けた精神的苦痛が慰藉《いしゃ》されるにはほど遠い。特に今回はうつ病にまでかかってしまい、キャリアを壊されてしまったのだからなおさらである。

パワハラを行った経営者には、厳しい罰則が加えられる世の中になってほしいと切に願う次第である。

3　とある企業

妊娠した正社員女性を自主退社へ追い込む

小野山静

「あなたのためだから」をロボットのように繰り返す

今回はまごうことなきマタニティ・ハラスメントを行ったブラック企業について紹介したい。

Xさんは10年以上にわたってその会社の経理部で正社員として勤務し、経理に精通したベテラン社員であった。上司からの信頼も厚く、重要な業務も任されていた。

ところが、第二子の妊娠を上司に報告したのをきっかけに突然、呼び出しを受けるようになる。上司である経理部長だ。呼び出しの冒頭から上司は、今すぐ正社員からパート社員になってほしい、難しいなら解雇もありうると説明してきた。あまりに突然のことであったため X さんが理由を教えてほしいと質問したところ、上司は、第二子を妊娠したことの心証が悪いと言ってのけたのである。

そこから執拗《しつよう》な呼び出しが続き、その回数はわずか2か月で合計10回近くにのぼった。

Xさんは「正社員のままでお願いします」「パートとして働くのは考えてないです」「とにかく今はパート社員にはなりたくないです」と今後も正社員として勤務していきたいと何度も何度も伝えた。

それにもかかわらず、上司は「Xさんのためだから」を強調しながら1時間から長いときは2時間近くXさんを説得し続けた。

「保育園からの連絡で急に早退したり、子どもの体調不良で欠勤したりするだろうから、子育てをしていくには正社員からパート社員に変更したほうがXさんのため」

「このままパート社員への変更を拒否し続けて、育休前に会社がXさんを解雇したら育児休業給付金（育休中に雇用保険から支給される給付金）が受けられなくなる。正社員からパート社員に変更したほうがXさんのため」

などなど……。

あまりに執拗な説得で精神的に追いつめられたXさんは、最後のほうで「私は正社員でいたいんです。お願いします」と泣きながら訴えたが、それでも上司は壊れたロボットのように「Xさんのためだから」を繰り返した。

結果として、また呼び出されるのではないかと考えるだけでXさんは動悸《どうき》や息切れを感じるようになり、さらに、当時妊娠中にもかかわらず、ストレスからおなかが頻繁に張るようになってしまった。これ以上この会社で働き続けることはできないと、自ら退職願を提出するまで追い込まれてしまったのである。

マタニティ・ハラスメントとは、働く女性が妊娠・出産・育児をきっかけに職場で精神的・肉体的な嫌がらせを受けたり、妊娠・出産・育児等を理由とした解雇や雇止め、自主退職の強要、非正規社員への契約変更、減給などの不利益を被ったりするといった不当な取扱いを意味する。

このようなマタニティ・ハラスメントを防止するため、男女雇用機会均等法9条3項は、女性労働者の婚姻、妊娠、出産を理由としたり、産前産後休業等の権利を行使したこと等を理由とする解雇その他の不利益取扱いを禁止している。

そして、2017年1月1日より施行された男女雇用機会均等法11条の2は、妊娠・出産等に関する言動により、女性労働者の就業環境が害されることのないよう、事業主は雇用管理上必要な措置を講じなければならないと定めている。事業主が防止措置を講じなければならないマタニティ・ハラスメントには、上司による解雇その他不利益な取扱いを示唆する言動も含まれている。

つまり、正社員からパート社員に変更するよう強要したことやそれを拒否すれば解雇もありうると示唆したことは、明らかなマタニティ・ハラスメントにあたる。

弁護士もびっくりの審判員の追及

Xさんは、無事に第二子を出産後、やはりどうしても上司と会社の対応に納得できず、労働審判を申し立てた。会社に対しては、マタニティ・ハラスメントによって受けた精神的な損害に加えて、Xさんは希望していなかったにもかかわらず会社によって退職に追い込まれたとして退職による損害（1年分の給与相当額）も請求した。

労働審判の第1回期日。結論から言ってしまうと、圧倒的な勝利であった。

第1回期日には、Xさん、Xさんの弁護士である我々、会社関係者として経理部長と人事部長、そして、会社の弁護士が出席した。

通常、労働審判の第1回期日では、労働審判員が労働者側と使用者側の双方に質問しながら事実を確認し、心証をかためていく。

ところが、この労働審判はまったく違った。最初から最後まで審判員による会社への追及の嵐であった。

「Xさんは『正社員でいたい』とはっきり言ってましたよね？」

「それなのにどうして何度も呼び出して話をしたんですか？」

「解雇されたら育児休業給付金が受け取れなくなるって、これってこのまま拒否したら解雇するって意味ですよね？」

会社の代理人が必死に「これから2人も子どもを育てていくXさんのためであって……」と説明しようとしたが、「本人は正社員として働きたいってあれだけ言ってるのに、Xさんのためなわけがないでしょう」と審判員は一蹴《いっしゅう》。Xさんも我々も胸のすく思いがした瞬間であった。

最終的に、会社がXさんにこちらの請求額に近い金額を支払うことで和解となった。

この圧倒的な勝利をもたらした最大の要因は、動かぬ証拠であった。Xさんは、1回目の呼び出しでこれはおかしいと感じ、2回目の呼び出しからすべて録音をとっていたのである。労働審判ではこの録音の音声と反訳（録音を文字起こししたもの）を証拠として提出し、審判員は事前に音声を聴き、反訳も読み込んでくれていた。

確かに、妊娠や育児と仕事を両立していくのはハードである。だからこそ、労働基準法や育児・介護休業法（育介法）は、妊娠中の女性労働者の時間外労働の制限、育児中の労働者の時短勤務などさまざまな権利・制度を定めている。しかし、これらは全て、労働者から会社に請求するものであって、会社が労働者に強制できるものではない。

以前、「あなたのためだから」と言いながら上司が帰ろうとする部下に大量の資料を押しつけるCMがあった。「あなたのため」は会社のため、ということは往々にしてある。「あなたのため」と言われても、本当に自分のためなのか、会社にとって利益になるだけではないのか、一度立ち止まって考えてほしい。

そして会社には、労働者にとって不利益になることを労働者に強制するのは直ちにやめていただきたい。労働者がいるからこそ会社が成り立っていることを忘れてはならない。

4　機械の部品製造会社

二代目社長が「奴隷になれ！」など暴言と無理難題を連発

佐々木亮

二代目就任後、上層部が続々と退社

今回は、社長が代替わりしたため、新社長から凄絶なパワハラを受けた話を紹介したい。以下の話は、残念ながら「よくある話」なのかもしれない……。

舞台は地方のある中堅企業である。機械の部品製造をする会社で、創業者が一代で築き上げ、事件当時で創業40年以上、派手さはないが堅実な仕事で信を得てきた優良企業といっていいだろう。ここに創業15年ほどのタイミングで入社したX氏。営業職をまかされ、会社のために献身的に働き、創業者からの信頼も得て、少しずつ重要な仕事を任されるようになる。入社から20年ほど経った時には、会社の役員ではないものの、重要な社員として重宝されていた。

ところが、創業社長が急逝したころから、会社の雲行きが変わってくる。

創業者の息子が二代目社長となると、なぜか上層部の人間が辞めていくのである。当時の

ナンバー2であった取締役事業部長が突然退職、その後任に就いた者も数年で退職してしまったのである。次々と上が空くので、X氏は「出世」し、ついにはナンバー2と目される順番にまでなった。

しかし、これが悲劇の始まりであり、なぜ上の人たちが辞めていったのかを身をもって知ることになるのである。

優良企業と言っても、中規模の企業である。部品販売先は大手企業が多く、どうしても値段を下げろという圧力がかかる。他方、部品を納めた先が中小企業の場合は、お金を払わずに倒産してしまうことなども珍しい話ではない。そうした中で、X氏は、大企業からの値下げ圧力、中小企業の倒産リスクの中で、会社になんとか利益をもたらそうと粉骨砕身の努力をしていた。

ところがある時、部品を納めた企業が倒産するという事態が発生した。未回収金が出てしまったのである。このことをX氏は社長に報告すると、社長は「その上の会社から回収してこい」と命令を出した。「その上の会社」とは、倒産した会社に発注している会社である。

ここでいう「上の会社」から倒産した会社の未回収金を回収するというのは、かなり無茶なミッションである。法律的には、「上の会社」とX氏の会社とは契約関係に無いのだから、お金を請求する筋合いがない。そのためX氏も、「それは難しいのではないでしょうか」と意見を述べていたが、そんなことを一切意に介さない社長は、命令を撤回することはなかった。

社長から命令を受けたX氏は「お願いベース」でやるということで、まずは「お願い」の文書を作成し、社長に見せた。すると社長は文面を一瞥《いちべつ》すると、「やりなおし」と冷たくいうのであった。X氏は「どこが悪いのでしょうか？」と問うと、社長は「ばかやろう！　俺が1回でOK出すわけがねえだろう！」と怒鳴りつけた。内容の問題ではないのである。

なお、社長は二代目、X氏は当時入社30年近いベテランである。年齢も社長よりX氏の方が10歳以上も上である。

指示通りに修正しても延々やり直し

どう変えたらいいか分からないX氏がデスクで頭を抱えていると、社長室から出てきた社長がX氏の作った文案に赤ペンで訂正箇所を指摘した。X氏はその指示通りに訂正し、社長に見せるのであるが、やはりやり直しを命じられるのである。X氏は混乱したが、さらにやり直しを命じられた箇所を直して再度持っていき、またやり直しをさせられる。そんな理不尽なやり取りを何回も行ったところで、ようやく「ま、こんなもんだろ」という捨て台詞《ぜりふ》とともに、文案が決裁された。

その後X氏は、部下とともに「上の会社」へ行った。極めて難しい交渉であったが、粘り強く話したところ、未回収金を回収することはできなかったが、この会社と取引をすることなど、もろもろの条件を勝ち取った。結果的に、未回収金の金額以上の成果を得ることができた。

この会社との新しい取引が始動することになり、X氏ら交渉担当者と社長、そして「上の会社」の担当者らが、挨拶《あいさつ》をかねた食事会を開いていたところ、みんなでゴルフに行こうという話となった。具体的な日付や場所まで決まったところで、社長は「Xはなしだな」として、X氏だけを排除する発言をした。理由は、X氏が未回収金を回収できなかったからだという。

しかし酒席での発言である。X氏は、もしこの言葉通りにゴルフに参加しなければあとで社長にどやされると感じ、ゴルフの日には行くことにした。

ゴルフの当日、クラブハウスでX氏を見た社長は、鬼の形相となり「なんで来たんだ、ばかやろう！」と大声を出した。周囲の人たちが一斉にその様子を見る中で、X氏はいたたまれなくなり、「では帰ります」と述べると、今度は「受付はしたのか？　したなら金を払ってから帰れ、ばかやろう！」と言い放った。そこまで言われたX氏は「わかりました」と述べて席を立つと、社長は「本当に帰るのか、ばかやろう！」と再び大声を出したのである。X氏は、どうすればいいのか分からず立ちすくんでいると、社長は「AさんとBさんの分は私が払います」と取引先の人の分を払うと言ったあと、X氏に向かって「お前は自分で払え、ばかやろう！」と述べたのであった。ゴルフのプレイ中も、X氏は社長から怒鳴り続けられた。あまりにX氏がかわいそうに見えたのか、キャディの女性から「もう少しで終わるからがんばって」と励まされるほどであった。

この一件から、X氏は社長の顔を見るだけで緊張を感じ、動悸が激しくなるようになった。

社長の剣幕に頭を死がよぎる

その後、ある企業（先の会社とは別の会社）からの値下げ要求が厳しさを増し、どうしても値下げをしないと取引自体を切られる事態となりかねない状況が生じた。ところが社長は、逆に「製品をセットにして値上げする交渉をしろ」とX氏に命じた。またもや難題をぶつけられたX氏は、それでも一部を値上げするような要請をその企業に対して行った。

帰社したX氏を、社長が社長室に呼びつけた。

社長「値上げの資料を提出したのか」

X氏「一部ですが提出しました」
社長「なに、一部？　ばかやろう死んじゃえ、飛び降りて死ね、俺は全部の値上げをしろと言ったんだぞ！　死ね、早く。ばかやろう」

怒りの形相となった社長は、自分の顔をX氏の顔に近づけて怒鳴りつけたのである。

そして次のように脅しをかけてきた。

「お前は俺の奴隷になれ。完璧《かんぺき》に追い詰めてやる、絶対に辞めさせねえからな。逃げたって無駄だからな。ドアを開けたらどうするかわかってんだろう、足を出して閉められねえようにするんだ。俺は何回もやっているんだ」

あまりの剣幕にX氏はその場から動けなくなり、頭の中では「本当に飛び降りて死んだら楽になれる」と思ったのだという。

その後、値上げがうまくいくはずもなく、いらだった社長はX氏に当たり散らした。

「これからはお前を徹底的に追い詰めて監視してやるからな、1日3回俺のところへ来い、いいな」

そう言って、実際にX氏を1日に3回呼びつけて怒鳴り散らした。怒鳴る中で社長は、

「辞めてもいいよ、ただ300万円払えよ」と述べ、実際にはX氏が辞められないように追

い詰めていった。

こうしたことが続いたため、X氏は食欲減退、手のしびれ、動悸など、体調に異変が生じ始めた。そしてついにある朝、吐き気と倦怠《けんたい》感で起き上がることができなくなってしまった。ようやく会社に休暇の電話をしたものの、社長のことが頭から離れない。今にも社長が家に来るのではないかと思うようになり、怖くて家にいられず妻の実家に行き、そこで寝泊まりするほどであった。

その後、X氏は精神科で診察を受けて「反応性うつ病」と診断され、その診断書と欠勤届を会社にFAXで提出した。

うつになったのに社長から裁判を起こされる

ただ、いずれは会社に戻らなければならないと思ったX氏は、そのまま復帰すればまた社長からパワハラを受けると思い、1人でも入ることのできる労働組合に加入して、身を守ろうと考えた。X氏の加入した労働組合は、会社にX氏の職場環境を良好なものとするよう求める団体交渉を申し入れた。実際に何度か団交が行われたが、当の社長は一度も出席することがなかった。

団交を重ねるうちに不思議なことが起きた。ある日、会社から労働審判が申し立てられたのである。

労働審判とは、解雇や残業代など労働問題が発生したときに、労働者が会社を相手に起こすことが多い。しかし、このケースでは会社が起こしてきたのである。もちろん法律上、労使どちらが起こすこともできるが、統計的には会社（使用者）の申し立てる労働審判は非常に珍しいといえるだろう。

労働審判の当日には、さすがに社長も出席してきた。当然、X氏が社長から言われた数々の暴言が話題になる。社長は必死に否定していたが、X氏の仕事中の態度について話題となると、つい「そういうところがX（呼び捨て）のむかつくところなんだ」と述べてしまう場面があった。その労働審判の場にいた全員が何かを察した瞬間であった。

結局X氏は、退職することで和解となった。会社が支払った金額は秘密なので正確な数字は言えないが、X氏の定年までの残りの年数を考慮したもので、かなりの高額となった。

X氏の主張がおおむね認められたことにはホッとしたが、一方で、私は、これだけのお金を払うはめになって、この二代目ワンマン社長は一体何がしたかったのか大きな疑問を感じた。

いろいろな労働事件を見ていると、労働者と会社の相性が合わず、会社としてはこの人を追い出したいんだろうなぁ、ということが手に取るようにわかることもある。しかしこのX

氏は、むしろ社員の中でも好かれていて、能力もあり、会社への貢献も長く、なぜ追い出そうという気持ちが芽生えるのかまったく分からない人物であった。ただ、X氏よりも前の役員たちも不可解な退職をしているところを見ると、二代目社長は、もしかしたら創業社長にかわいがられていた従業員を追い出したかったのかもしれない。

いずれにしてもパワハラは誰も幸せにしない。パワハラのない職場環境を作ることの重要性を感じた事件で、印象に残っている。

5　食材の販売会社

暴言、出社禁止、懲戒解雇——ノンストップな〝俺〟理論

鈴木悠太

「お前は寄生虫か！」

労働者にとって最も厄介な存在といえば、常識の通用しないワンマン社長である。今回ご紹介するのは、法律ではなくワンマン社長の〝俺〟理論が支配する、中小企業の恐ろしさを実感した事件である。

Aさんは、都内で業者向けに食材の販売等を行う中小企業Y社で、約10年間正社員として働いていたが、社長から酷いパワハラを受けた挙句、突然、懲戒解雇された。Aさんは、不当な懲戒解雇及びパワハラによる損害賠償を求めてY社を提訴した。

Y社では業務改善と称して、全従業員が参加する朝礼において、従業員に自己の失敗談を発表させ、社長がそれにコメントするということが行われていた。他の従業員が見ている前で個人を吊《つ》るし上げる、典型的なパワハラである。

Aさんは朝礼で発表した際、全従業員の前で社長から「お前は寄生虫か！」と罵声を浴び

せられたという。

これに対して社長は、裁判における書面で「そんなことは言っていない！『Aさんみたいに反省もなく会社に居続けるだけだと寄生虫と同じになっちゃうよ』と言ったんだ！」と反論した。同じではないかと思わずズッコケてしまった。

またY社では、在庫管理ソフト導入時に担当者が誤った入力方法をマニュアル化し、これに6年間誰も気付かなかったため、帳簿上約1兆円の異常在庫が発生していることが発覚した。Aさんも、一時期、前任者から誤った入力方法の引継ぎを受け、入力作業を行っていた。異常在庫が発覚した後、Aさんは社長に対して「すいません。前の人から言われた通りにやっていました」と事実を説明し謝罪したが、「言われた通りにやった」というのが社長の癇《かん》に障ったらしく、反省が足りないとして1人だけ無期限の出社禁止処分を下された。出社禁止は1か月程で解かれたが、Aさんは席を移動させられ、他の従業員から隔離されてしまった。

そのほか、Aさんが作成したエクセル表が見にくいと言って、社長から後頭部を叩《たた》かれることもあった。

そんなパワハラにも耐え、Aさんは必死に働き、社長の妻が管理する同業のZ社へ出向していたが、些細《ささい》なことで社長の妻と口論になり、社長から電話口で即日解雇されてしまった。

後日、解雇理由証明書を受け取ったところ、驚くことに、Aさんは懲戒解雇されていた。Y社の主張する解雇理由は、5年前のミスなどいずれも些細なものであり、中には「勉強会に参加しなかった」というものも挙げられていた。

Y社では、社長の思い付きで所定休日である土曜日に「勉強会」（しかし、その実態は書類整理などの日常業務であったという）が行われており、この任意の「勉強会」に参加しなかったことが解雇理由とされていたのである。

社長は、裁判において、「勉強会」への参加は任意であるが、参加しない場合に「やる気がない」として評価が下がり解雇されるのは当然であると主張した。

任意とは一体何なのか、一瞬わからなくなってしまった。

本人尋問において、社長はとんでもない〝俺〟理論を展開した。

我々は、社長に対して、異常在庫の件について、Aさんは前任者から引継ぎを受けたとおりに作業していたのだから、Aさんに責任はないのではないかと尋ねた。

これに対して、社長はこう証言したのだ。

「他の従業員は泣いて謝ったり土下座してくれたが、Aさんだけが『前任者から言われた通りにやった』という主張をした。そのような危険な思想が他の従業員にうつる恐れがあったため、出社禁止処分及び席の移動を行った」

社員食堂に反省文を掲示

社長は、そもそも反省とは何かという基準が自分の中にあるようだ。前任者から言われた通りにやったというのは、たとえそれが事実であったとしても反省ではないから、「私の基準では懲戒解雇の理由になる」と説明する。

要は自分に落ち度がなくてもとにかく謝れということである。

我々は、事前にAさんからY社の食堂にある掲示板の写真を見せられていた。そこには、不満そうな表情で両手を膝《ひざ》の前で組んでいる従業員の写真とともに手書きの反省文が張り出されていた。反省文には「懲罰として10万円の給与減額を申請します」「責任をとって退職します」などと記載されていた。Y社の異様な雰囲気を感じる写真であった。

社長は、これらの反省文について「従業員が反省の意を表すために自主的に掲示したものだ。こういうことはとても良いことで、人事評価の対象になる」と証言した。

なお、Y社では職能給制度が採用されていたが、Aさんの職能給は理由も告げられず減額されていた。Aさんには「A—20—1」などの等級がつけられていたが、就業規則にある職能給一覧表にはそのような等級は見当たらなかった。

このことについて、裁判官から、Aさんの職能給は就業規則のどこにあるのか尋ねられると、社長は「ありません。私が考えて付けました」と証言した。

Y社では、法律のみならず就業規則すら無視され、従業員の賃金も社長の独断で決定されていたのである。

裁判官は判決で、Aさんに対する懲戒解雇が無効であるとしたうえ、杜撰《ずさん》な解雇が民法上の不法行為に該当するとして、Y社に対して、Aさんが働けなくなったことによる逸失利益（賃金6か月分）及び慰謝料を支払うよう命じた。また、社長のパワハラ（「寄生虫」発言及び後頭部を叩いたこと）に対する慰謝料、並びに減額された賃金差額分の支払いも命じた。

中小企業という閉ざされた社会の中で、Y社では今まで誰も社長の〝俺〟理論に対して声を上げることができなかったのだろう。

労働者が1人で会社や社長に対して声を上げることは難しく、そのために法律は労働組合に強い権限を与えている。

残念ながら、Y社をはじめ、日本には労働組合がない、あるいは機能していない中小企業が多く存在しているが、職場における労働者の権利を守るため、あらゆる企業に労働組合が浸透し、対等な労使関係が育《はぐく》まれることを願うばかりである。

6　不動産仲介会社

グループLINEで「死ね」「バカ」「ブタ」

田村優介

求人票とかけ離れた実態……入社2か月で退職に

本件は、ブラック企業の被害事案であるとともに、被害を受けた労働者が代理人弁護士に依頼して企業を提訴し、記者会見をしたところ、今度は代理人弁護士に対する攻撃がなされたという少し珍しい事件である。

Aさんは、２０１４年５月、当時急成長しつつあった不動産仲介会社X社に新卒で入社した。

就職説明会で配付されたパンフレットには、大きく「基本給30万円」と、新卒としてはかなり高い給与が記載され、そのほか「完全週休２日制」などの魅力的な条件が掲載されていた。また、同社社長が「日本で一番、人を大切にする会社を創《つく》る」などと謳っていたため、Aさんは安心して長期に働ける企業だと思い、大事な新卒カードを行使して、X社への就職を決めた。Aさんは入社後、同社の都内支店に配属され、ホームページ上の物件入力作業、店舗内での物件紹介や店舗外での物件案内に従事した。
ところが、入社後まもなく、以下のような問題が判明した。

①求人票とは異なる給与体系
入社後、初めて受け取った給与明細には、基本給15万円、「固定割増手当（いわゆる固定残業代）」15万円と記載されていた。採用及び入社の際はもちろん、退職するまで、同社はAさんに対し、固定残業代制度をとっていることやその内訳について何ら説明をしたことはなかった。

②当初の説明とかけ離れた長時間労働と残業代不払い
Aさんの配属された支店においては、朝8時に出社し、終電間際まで働く長時間労働が常態化していた。朝8時の「朝礼」に必ず出席することを求められ、大量の業務を与えられ、連日終電で帰宅するしかない状態だったのである。休憩時間は1日20～30分程度、休日は月2日程度しかとることができなかった。

このような労働環境のもと、Aさんの残業時間は、5月は約150時間、6月は約200

時間に及んだ。いわゆる「過労死ライン」月80時間を大幅に超える労働時間である。

また、たとえ固定残業代制度の下でも、一定時間以上残業をした場合には追加して残業代を支払う必要があるが、同社は追加の残業代を一切支払っていなかった。どれだけ残業をしても、実質的には固定給30万円しか支払われない違法な状態だったのである。

③パワーハラスメント

さらに、配属支店では店長からの社員らに対する暴言が常態化しており、原告自身、口頭やLINEグループ（業務等の連絡がLINEグループで行われていた）で「死ね」「バカ」「カス」「ブタ、承知しましたじゃねーよ。謝れ」などの暴言を受けた。

心身共に疲労が蓄積したAさんは、不眠症状が現れ、昼間でも意識が朦朧《もうろう》としたり、論理的な会話が成り立たなくなるなどした。こうしてAさんは、入社から2か月程度で退職に追い込まれた。

退職の意思を告げた際も、Aさんは、配属支店の店長らから不当な対応を受けた。

配属支店店長は、「まだ利益を出せないAへ」と、暗に新卒社員であるAさんが営業成績をあげられていないことを非難しながら、残務整理を済ませてから退職するよう告げた。また、同店主任は、以前Aさんが社用車を運転中、後方から衝突され、加害者に逃げられたトラブルを挙げ、「このままだと、会社はお前の両親に車の修理代を請求させてもらうことになる」などと脅した。

このように、Aさんは多大な精神的・肉体的苦痛を受け、キャリアを傷つけられた。Aさんは、同社や不動産業界全体の労働環境改善に繋《つな》がればと思い、未払残業代及び慰謝料の支払いを求める裁判を起こすことを決意した。

前述の「死ね」「バカ」「カス」「ブタ、承知しましたじゃねーよ。謝れ」などの暴言はLINEにしっかりと残っており、また終業時刻についてもLINEで逐一店長に報告していたため、これを証拠として添付し、提訴したのである。

会社側が弁護士にブログ削除の申立て

筆者は、Aさんの代理人弁護士に就任し、X社を被告として未払残業代等請求訴訟を東京地方裁判所に提起し、同日、提訴報告の記者会見を行った。

記者会見には、事前に「プレスリリース」を作成し、記者に配布して説明を行った。「プレスリリース」には、ここまで述べてきたような本件事案の概要を記載し、「『ブラック企業』の被害事案」であるので提訴し、あわせて記者会見をする旨を書いていた。

本件は数社のマスコミによって報道がされ、それなりに世論の反響を呼んだ。なお、記者会見後、筆者は自己の個人ブログに、上記記者会見のプレスリリースと同内容の記事を掲載していた。

するとX社は筆者に対し、当該ブログ記事の削除を求める仮処分を東京地方裁判所に申し立ててきたのである。マスコミの記事が既に大々的に広まっているのに、さして閲覧数もない筆者の個人ブログの記事を削除してもあまり意味はないと思われるが、とにかくX社はそのような手段に出てきたのである。

ただちにブラック企業被害対策弁護団で協議をし、弁護団所属の弁護士を中心とする74名の弁護士が筆者の代理人に就任し（自分も弁護士だが、「弁護士って頼りになるな！」と感じた瞬間である）、本件記事に何ら違法性はないため削除は断固拒否する態度を貫いたところ、数回の裁判期日を経て、X社は仮処分の申立てを取り下げた。

未払残業代及び慰謝料請求事件についても、同時期にAさんの言い分をほぼ認める内容での和解により終結した。

X社がこのような仮処分を起こしてきた真の狙いは、代理人の弁護士を攻撃することによって、Aさんの未払残業代等請求事件を事実上早期に幕引きすることにあったと考えざるを得ない。これはブラック企業被害撲滅のための活動に取り組む弁護士及び各種団体にとって、看過できない問題である。

このような攻撃に対しても、いわば「返り討ち」ができた事案であるので、ここに報告する。

なおAさんは、すぐに優良な職場環境の別業種に転職することができ、やりがいをもって働かれているようである。

7　イベント会社

社員を自死未遂まで追い込みながら会社を破産させ責任逃れ

島田度

決裁箱にフタをする

ブラック企業において、社長は往々にして絶対的権力者である。絶対的権力者が白いといえば、黒いカラスも白くなる。今回は、カラスを白くしてしまうような人間が権力を手にしたときの恐ろしさと、そんな権力者に紆余《うよ》曲折を経て謝罪をさせるまでの道のりをご紹介する。

今回ご紹介する事件の依頼者は、小規模のイベント会社で中間管理職として勤務していた50代の男性である（以下この方のことを「依頼者」という）。

札幌という街は、雪まつりやYOSAKOIソーラン祭りなど大きなイベントが多い。依頼者の仕事は、こういったイベントの裏方スタッフとして、必要な資材や業者を手配したり各種の許可を取得したりしてイベントが滞りなく実施されるようにすることだった。仕事の性質上、早朝から夜遅くまで現場に居なければいけないことも多く、肉体的にはハードであったが、たくさんの来場客の笑顔を見ることができる、やりがいのある仕事だった。

しかしながら、あるときから、依頼者を取り巻く職務環境は地獄へと一変する。社長の苛《か》酷《こく》なパワハラが始まったためである。

この社長は、かつては有能な経営者であったようであるが、あるときから、（おそらくは会社の経営が思うようにいかなくなったことをきっかけとして）不条理なパワハラを繰り返すブラック社長へと変貌《へんぼう》していった。

社長のパワハラとは、たとえば次のようなものであった。

この会社では、取引先からの請求書を担当者がチェックし、社長の机の上にある「決裁箱」に入れて、月末までに社長のハンコをもらえれば、取引先に対する支払いができるルールになっていた。

しかしある時期から、月末が近くなるとなぜかこの「決裁箱」にフタがかぶせられるようになった。フタがかぶせられているので、依頼者は決裁箱に請求書を入れることができない。そこで、直接社長にハンコをお願いしようと思っても、なぜか月末近くなると社長は出社してこない。これでは取引先への支払いができない。ところが、月が明けると社長は会社に出てきて、依頼者に対し、「月末までにちゃんと決裁をもらわなかったお前が悪い。うちのルール上、1か月先まで支払いはできない。お前が悪いのだから、取引先にはお前が説明しろ」と言い放つのである。要は、資金繰りがうまくいかずに取引先へ支払うお金が用意できなかったことの後始末を、依頼者に押し付けていたのだ。

とはいえ、これならば支払いが1月先に延びるということにとどまる（これだけでも十分とんでもないことだが、それでも取引先に謝り倒すということはできる）。しかし、社長はさらに、何の問題もなく納品した取引先に対して、あれこれクレームをつけて代金を支払わない、あるいは値下げを求める、ということをやり始めた。それも、自分で取引先と交渉するならともかく、交渉はすべて依頼者にやらせるのである。

問題なく納品されているのに、どうクレームをつければいいのか。しかも、その取引先は、今後もイベントの際に仕事をお願いしなければいけない相手でもある。依頼者は取引先との間で板挟みになって悩みに悩み、何度も社長に掛け合ったが、それでもＯＫが出ないため、苦悩の末に自腹で取引先に支払ってしまったこともあった。それくらい追い詰められていたのである。

極めつきは、大規模な音楽イベントの仕事について、そのイベントの予算内では到底収まりきらないような豪華な備品や設備の発注指示を社長自身が繰り返しておきながら、膨らんだ発注の支払いをする段になって依頼者に、

「俺はこんな発注は承認していない。お前が支払え」

と迫ったことである。理不尽きわまりなかったが、この件を理由として依頼者は始末書を書かされ、他の従業員の前で罵倒されたあげくに、管理職から降格させられて大幅な減給処分となった。

追い詰められうつ病に

これらのパワハラは、ひとつひとつを取ってみれば、子どもじみているところもある。しかし忘れてならないのは、社内の絶対的権力者である社長がこれを行っているということである。権力者の子どもじみたふるまいほど恐ろしいものはない。社内の特殊な力関係の中で、依頼者に抗《あらが》うすべはなかった。

ここに至って依頼者は、完全に追い詰められてうつ病になってしまい、自死を図るまでになった。依頼者の命が助かったのは、ただ、ロープをかけた樹の枝が依頼者の体重を支え切れなかったという幸運によってであった。

この自死未遂ののちに事件の依頼を受けて、弁護団はまず会社への証拠保全を申し立て、依頼者が作成させられた始末書や依頼者が社長宛に送信した大量のメール等の証拠を入手した。これらの証拠を基に労災を申請したところ認められたので、改めて会社に対して損害賠償請求の訴訟を提起した。

訴訟において、社長は稚拙な嘘を繰り返した。

たとえば、取引先の一つである設計事務所との間の値下げ交渉について、社長は「発注した設計にミスがあって市の許可が下りなかったから、依頼者に値下げ交渉をさせたのだ」と主張した。しかしながら、のちに証拠として出てきた労災手続の聴取書では、社長は「あの事務所はもっと安くできるはずだ」などと、全く違うことを語っていた。もちろん設計ミスなど事実無根であった。

また、依頼者の自死未遂のきっかけとなった音楽イベントでの発注についても、社長は、自分が承知していない発注を依頼者が勝手にやったのだと言い張った。しかしながら、のちに証拠として出てきた受注伺書に押されている決裁印は、どうみても社長自身の決裁印であった。

すぐに嘘だとわかる嘘をなぜこうも繰り返すのか、啞然《あぜん》とするほかなかったが、社長にはまったくわるびれた様子はなかった。黒いカラスを白いと強弁することに慣れきってしまっていたからかもしれない。

しかし当然のことではあるが、法廷においては、社長は権力者ではない。法廷では、黒いカラスは黒いのである。訴訟は依頼者に有利に進んでいた。

ところがである。社長は訴訟係属中に、なんと会社の破産の申立てを行ってきた。（のちに判明したことだが、社長は他の取引先等にも嘘を吐きまくって支払逃れを繰り返していたらしい。そのため、債権者集会は、怒れる債権者たちが大集合した修羅場となった）。

会社が破産するというのは、すなわち、このままでは会社自体が消滅してしまうということである。そして、これを止める手段は基本的に存在しない。この件は、労災が認められていたので、たとえ損害賠償が受けられないとしても、依頼者の生活保障という意味では一定の救済は確保されていた。

しかし、依頼者としてはどうしてもこのまま社長を許すことができなかった。そこで、弁護団としては社長の個人責任の追及を検討することにした。

会社を破産させ、社長個人も自己破産を申請

会社法429条1項には、「役員等がその職務を行うについて悪意又は重大な過失があったときは、当該役員等は、これによって第三者に生じた損害を賠償する責任を負う」という条文がある。過労死・過労自死事件など、会社の悪質な安全配慮義務違反によって労働者が深刻な被害を負った場合、この条文を根拠に取締役個人に法的責任を負わせることが認められた裁判例もある。

とはいえ、会社が破産する場合、代表取締役も会社の連帯保証人となっていることが多い

ので、社長からお金を回収することは困難な場合が多い。本件も、訴訟上での勝敗はともかく、社長からお金を回収できるかどうかについては弁護団内でも厳しい見方が多かった。

それでも、依頼者としては、自死未遂にまで追い込まれたことについて、社長に何らかの責任を取らせるまでは終われないという思いが強かった。その思いは、私たちとしても共感できるものであった。そこで弁護団は、社長個人に対して訴訟を提起することにしたのである。


社長個人に対する訴訟を提起した後しばらくして、今度は社長個人についても自己破産の手続に入るとの通知がきた。裁判所からは、社長に対する訴えを維持するのかどうかの打診があった。

それでも弁護団としては、依頼者と協議の上、社長に対する訴えを維持することにした。破産法には、「破産者が故意又は重大な過失により加えた人の生命又は身体を害する不法行為に基づく損害賠償請求権」については、たとえ破産しても免責されないとする条文がある（破産法253条1項3号）。

依頼者を自死未遂にまで追い込んだ社長のパワハラは、「故意又は重大な過失」にあたるといいうるのではないか。もちろん、あたると判断されるかどうかはわからないし、仮にあたるとしても回収できるような財産はないだろうけれども、それでも、社長に自分のやったことの責任を突き付けたい。それが依頼者の強い強い思いだった。

この訴訟は最終的に和解で終了することになる。受任から既に4年以上が経過していた。和解条項に「（社長）は、過重労働とパワーハラスメントによって（依頼者）をうつ病に罹患《りかん》させたことについての法的責任を認め、（依頼者）に対して謝罪する」との一文を入れさせることによって、ようやく依頼者も、和解に応じてよいという気持ちになれたのだった。

実は、社長は和解交渉のなかで、「法的責任」と「謝罪」の言葉をかたくなに拒んでいたらしい。そんななかで和解を成立させるにあたって、裁判所からも社長に対して強力な説得がなされたようである。被告である社長が自己破産をするので、経済的にはほとんど意味がないと言われても仕方のない訴訟であったが、事案の内容から裁判所も依頼者の思いに可能な限り応《こた》えようとしてくれたのであろう。

嘘を吐きまくり、そして訴訟から逃げまくった社長であったが、最後にはちゃんと詫《わ》びを入れさせることができた。それが、依頼者の勝ち得たものであった。

8　運送会社

パワハラを原因とした休職から復帰したらまたパワハラ

徳田隆裕

ブラック企業は、精神的に疲弊した労働者の一縷《いちる》の希望をいとも簡単に奪い去る。パワハラを受けて精神を病んだ労働者が、一縷の希望をもとにブラック企業を信頼して職場復帰したが、非情にもその希望は無残にも打ち砕かれ、再び精神を患ってしまった悲惨な事件を紹介する。

新しい上司から嵐のような暴言

依頼者は40代前半の男性で、運送会社に勤務していた。10年間、問題なく真面目に勤務してきたが、営業所長が交代してから受難の日々が始まった。新しく赴任してきた営業所長から、「アホ」「バカ」「ハゲ」「あたまおかしいんちゃうか」「わしが金沢にいる限り昇進はないと思っとけ。評価も低いからな」「給料どろぼう」「みんな、お前いらん言うてるぞ」といった人格を否定するような暴言をあびせられるようになったのである。

依頼者は、営業所長からの耐え難いパワハラを受け、ついに体調を崩してしまった。精神科へ通院したところ、適応障害と診断され、主治医から会社を休むようにアドバイスを受けて、約2か月間休職することとなった。

休職期間中、依頼者は、会社本部の担当者と面談したところ、パワハラの事実を認めて謝罪してくれたので、職場に復帰すべきかについて悩んでいた。そして、私のもとへパワハラの相談にいらっしゃった。私は依頼者と共に精神科の主治医と面談し、意見を求めたところ、主治医は職場へ復帰することに反対した。私も、パワハラをし続けた営業所長がいる職場へ復帰するのはやめるべきだ、とアドバイスした。

しかし依頼者は、年齢的に新しい就職先を探すのは困難であること、家族を養っていかなければならないこと、本部の担当者から職場を戻りやすい環境にすると言われたことから、やむなくパワハラをし続けた営業所長がいる職場へ復帰することにした。

復帰後にさらなる嫌がらせ

元の職場できっとやり直せると淡い期待を抱いて職場復帰した依頼者に対して、パワハラをし続けた営業所長は、依頼者の座席を営業所長の前に移動するように命じたのであった。職場を戻りやすい環境にするという本部の担当者の言葉を信じた依頼者は、見事に裏切られてしまったのである。

直接的な言葉の暴力はないものの、依頼者はパワハラをし続けた営業所長の目の前で仕事をしなければならなくなり、多大な精神的苦痛を受けるようになった。本部の担当者に連絡をして座席の変更をお願いしたが、担当者は営業所長に任せてあると言うだけで何の対応もしなかった。

依頼者は家族を養うために我慢して、しばらくの間、勤務を続けたが、そのうち精神的に耐えられなくなり、再び休職することとなった。職場復帰への期待は無残にも打ち砕かれたのである。そして再び、私のもとへ相談にいらっしゃった。

私は、依頼者の話を聞き、パワハラに苦しんで休職していた社員を、パワハラをしていた張本人の目の前で仕事をさせるようにした、相手方会社の対応は極めて悪質であると判断し、相手方会社に対してパワハラ防止義務違反、職場復帰支援義務違反を主張して、損害賠償請求の示談交渉を行うことにした。

幸い、依頼者は営業所長から暴言をあびせられた際、ボイスレコーダーで録音していた。また、主治医にパワハラの事実を詳細に話していたので、精神科のカルテにパワハラの事実が詳細に記録されていた。

そのため、本件では、パワハラの事実を立証することが十分可能であった。また、相手方会社もパワハラの事実は認めていたので、争点は損害賠償の金額であった。特に慰謝料の金額が問題となった。

録音、日記、カルテ……記録を残して身を守ろう

パワハラの損害賠償請求訴訟で認められる慰謝料はそれほど高額でない。相手方の会社は、当方が提示した慰謝料の金額について難色を示してきた。私は、営業所長のパワハラが執拗であったこと、依頼者の職場復帰後に営業所長の目の前に座席を移動させたことが悪質であり、そのことは慰謝料増額事由であるとして、相手方会社と交渉した。

その結果、治療費、休業損害、慰謝料、退職金を含めた解決金として、相手方会社が190万円を依頼者に支払うことで示談が成立した。

また、自己都合退職の場合、雇用保険の基本手当を受給できるようになるまでに2か月の待機期間が発生することになり、依頼者に不利益が生じてしまう。そこで、離職票の離職理由を「5（1）②就業環境が著しく害されるような言動（故意の排斥、嫌がらせ等）を受けたと労働者が判断したため」とし、離職票の「具体的事情記載欄（事業主用）」に相手方会社が、「職場の上司からパワハラを受け、就業環境が著しく悪化し、退職せざるを得なくなったため」と記載することで合意が成立した。これで、依頼者が2か月の待機期間を待たずに、雇用保険の基本手当を受給できるようになった。

パワハラ事件では、パワハラの事実を立証するための録音等の証拠がそろっているかが重要となる。パワハラを受けていると感じたなら、事実を記録するようにしてほしい。具体的には、言葉の暴力を録音する、その都度パワハラの事実を日記に記載しておく、パワハラの出来事を精神科の医師に話して、カルテに記録してもらうといった方法が挙げられる。

パワハラで体調を崩した場合は、無理をせず、会社を休むべきである。会社から、職場復帰を打診された場合、パワハラをした人物が配置転換で職場からいなくなった等の抜本的な改善措置をしたのかを確認してほしい。パワハラをした人物が職場にいる場合、職場復帰するのは危険である。

もしパワハラを受けて会社を退職することになったとしても、弁護士に相談することで、会社に損害賠償請求をして一矢報いることができるかもしれない。早目に弁護士に相談することをお勧めしたい。

9　業界新聞

新聞社社長が「君たちはゴミを作っている」など暴言連発

今泉義竜

ブラック企業あるある3点セット

とある業界紙を発行する従業員100名弱の新聞社が今回の舞台。この新聞社では、長年ワンマン社長による暴言や理不尽な業務命令が横行していた。

「君たちはゴミを作っている」「整理部の人間はバカだ。居る資格がない」などという人格否定の暴言は日常茶飯事。時には労働者のみぞおちを殴る暴行も。労働時間の管理なし、36協定（労働基準法36条が定める時間外・休日労働に関する労使協定のこと。この労使協定を締結しなければ、会社は時間外労働や休日労働を命じることはできない）なし、残業代なしのブラック企業あるある3点セットのもと長時間労働が横行する職場で労働者は疲弊し切っていた。

しかし、そんな横暴な社長に対し2人の記者が立ち上がった。1人は「言うことを聞かないから手当カット」と月10万円以上の給与減額を通告されたうえ、自宅待機を命じられた記者。もう1人も降格・給与減額のうえに解雇を予告された記者。2人は新聞業界では強い影響力を持つ新聞通信合同ユニオン（1人でも入れる社外の労働組合）の門を叩いた。2人はユニオンに加盟して職場内に支部をつくった。

組合は団体交渉で、未払残業代の支払い、賃金減額・自宅待機の撤回、パワハラの防止など、労働条件の改善を求めた。組合の粘り強い交渉の結果、会社の顧問弁護士による社長への説得もあり、賃金減額と自宅待機は撤回されることとなった。また、社長のパワハラも一時的に鳴りを潜めた。

ただ、未払残業代について会社は「職責手当で残業代は賄われている」との主張を崩さず、支払いに応じなかった。この会社の主張は、いわゆる「固定残業代制」というもので、残業代不払いのブラック企業が用いる典型的な言い分であるが、そのほとんどは違法だ。

そこで組合から依頼を受け、私が代理人となって2人分の未払残業代を求める裁判を2016年11月に起こした。

裁判では、PCのログイン・ログアウトの履歴、日記、会議のメモ、休日出勤届などの膨大な証拠で残業の実態を明らかにした。裁判記録は20センチ近い厚さとなった。

裁判の場で双方の言い分が出尽くすと、客観的な残業の証拠が残っていることを踏まえ、裁判官は会社に対し一定の金銭の支払いによる解決を促した。

しかし、会社側は財務資料を出してきて、経営状態が悪いとして出し渋る戦略に出た。経営状態が良かろうが悪かろうが法律上、払うべきものは払わなければならないのであるが、裁判官はこちらに譲歩を求めてきた。裁判官は会社から「経営状態」を言われると結構弱い、という面が実はあるのだ。

組合は、それならば、と金額で一定譲歩するかわりに、今後の職場環境改善につながる和解条項として次の8項目を提示した。

1　今後タイムカード等を導入し全従業員について労働時間を適切に管理すること。
2　民主的に選出された従業員代表との間ですみやかに36協定を締結すること。
3　課長代理および課長職など労働基準法上の管理監督者に該当しない者に対して労働基準法に基づき時間外労働に対する残業代を適切に支払うこと。
4　休日出勤について労働基準法に基づく割増残業代を支払うこと。
5　有給休暇取得を理由として精皆勤手当をカットしないこと。
6　就業規則を速やかに整備すること。
7　原告に対し、会議に参加させない、一時金を支給しない等の差別的取扱いをしないこと。

8　社内におけるパワハラ行為が一掃されるよう、適切な対策を取ること。

これらには残業代請求とは直接関係のない項目も含まれていたが、和解なのだから当事者がOKならばどんな和解でもできる。団体交渉で進展しない項目については裁判所の和解条項で解決しようという戦略だった。

しかし、裁判期日後に代理人を通じてこれらの要求を知らされた社長は怒りを爆発。原告の2人に対して、「お前がいると全員失業者になる」などと暴言を社内で連発。別の日には他の社員に向けて、「世界バカ大会。正真正銘のバカ」と誹謗《ひぼう》する始末であった。

ついに撃退！　パワハラ社長

組合は、こうした社長のパワハラ・暴言もきっちりと記録。組合名で抗議文を直ちに出すとともに裁判官にも伝えたところ、裁判官は期日に社長を出頭させたうえで、こうした発言をやめるよう説教をし、裁判所案として会社に以下の和解案を検討するよう伝えた。

1　被告は、原告らに対し解決金を支払う。
2　被告は、適正な手続に則《のっと》り従業員代表を選出し、36協定を締結することを確約する。

3　被告は、原告ら及びその他従業員が法定労働時間を超えた時間外労働をした場合には、同時間外労働に対して労働基準法に基づく割増賃金を支払う。

4　被告は、原告ら及びその他従業員が休日出勤をした場合には、同休日出勤に対して労働基準法に基づく割増賃金を支払う。

5　被告は今後暴言等のパワーハラスメントととらえられる言動をしないことを確約する。

代理人間で和解に向けた最終調整が進められていた17年12月、会社は突如、社長の退任を発表。社長の長男が代表取締役社長に就任した。予期せぬ突然の発表に一同仰天した。社長の退任は「健康上の理由」とされていたものの、原告と組合がパワハラや違法行為を徹底的に追及した上に、裁判官からも説教されたことが、社長に退任を決意させる大きな契機となったことは間違いないだろう。

結局、新社長のもと、上記の5項目での和解が成立した。パワハラ社長はいなくなり、従業員は長年の抑圧体制から解放され、新体制での業務が始まった。

本件は、原告2人の残業代請求訴訟ではあったが、組合とタッグを組んで団体交渉と訴訟を並行して行うことで、結果的にパワハラ社長を追い出した上に、会社に対し全従業員に対する労務管理のあり方を根本的に是正させる和解を勝ち取ることができた。

「仲間と声を上げることで変えられる」「自分が自分の権利のために声を上げることは、他の人の権利を守ることにつながる」ということを示す一例として、多くの人に知ってほしい。

10　とある企業

新人研修の名をかたる寝させない洗脳合宿

塩見卓也

就寝時刻が記されていないスケジュール表

　数年前、佐々木亮《ささきりょう》弁護士と飲んでいたときに、私だけでなく、佐々木亮弁護士も「寝させない新人研修」事案をもっていたことを知った（本書では101ページ～の第二章12で紹介）。共通の感想は、「関東にも関西にも同様の事案があったということは、おそらくこの2件だけじゃなくもっとあるのだろう」だった。

　ということで、私が受任した「寝させない新人研修」事案について紹介する。

　その事件の依頼者は、大卒である会社に就職したが、半年持たずに退職した。私のところに相談にやってきて、最初に訴えてきたのは、勤務最初の4月第1週、その会社の新人研修合宿があり、その合宿で1週間「寝させてもらえなかった」ということだった。

「そんなん、カルト教団の洗脳合宿やん」と、当時の私はにわかには信じられず言った。

　彼はその研修合宿のスケジュール表を見せてくれた。そこには、朝の「起床」時刻は記載されているのに、夜の「就寝」時刻は記載されておらず、深夜には毎日終わりの時間がはっきりしないミーティングの予定が記載されていた。

彼曰《いわ》く、「僕は不真面目な方だったから、1日1時間くらいは何とか寝るようにしていたけど、真面目な人たちは本当に寝ていなかった」とのことだった。朝には「早朝訓練」と称し、ほとんど睡眠をとっていない状態で2㎞走らされたそうだ。まさに「洗脳合宿」である。

研修合宿後、通常勤務が始まったが、最初から「終電が定時」状態だった。そんな彼の業務日報を見ると、深夜23時台に「劇」という記載があった。

何なのか聞いてみた。

「この会社では、社員旅行で劇を披露するのが新入社員の役目で、この時間に新人が集まって劇の練習をしてました」

彼は、勤務半年足らずのころの深夜勤務中、仕事をしながらコンビニで買った夜食のソーセージをかじっていたら、その脂が飛び書類にかかったのを見て、ふと「俺一体何やってるんだろ」と思い翌日、退職届を出したそうだ。

「本人が勝手にやっていただけ」と詭弁を繰り返す会社側

私は彼の依頼を受け、研修合宿中につき、3食の時間と1時間の睡眠時間を除く1日20時間を労働時間とし、その後については劇の練習時間も全て労働時間に含める内容で、会社に未払残業代を請求する内容証明を送った。会社側からは、新人研修の時間は「働いているのではなくて、教育を受けているだけ」、劇の練習の時間も「仕事と関係なく、本人が勝手にやっていただけ」という理屈で、「そんなものは労働時間ではない」との反論がありそうなところである。

しかし、労働基準法上の「労働時間」とは、「労働者が使用者の指揮命令下に置かれている時間」をいい、「指揮命令下に置かれている」といえるか否かは、会社がどう考えているかに関係なく、客観的に決まるものであるというのが確定した最高裁判所判決の見解である。なので、新人研修の時間は当然、労働時間になる。また劇の練習についても、日報に「劇の練習時間を守れなかった」などなど、上司への報告記載があったりしたことから、上司の指揮命令下にあった時間と十分にいえる証拠が残っていた。

内容証明を送った後、会社側代理人である弁護士と面会することになった。その会社側代理人も、当初はこちらの述べる事実につき、にわかには信じられない様子であった。しかしその後、会社側は「寝させない新人研修」の時間も「劇の練習」時間も含め、こちらの主張する労働時間をほぼ全て認める内容で和解案を出し、この件は早期和解で解決することとなった。

自分に問題があるとは思わないで

会社側の和解案が出たとき、彼は和解を蹴《け》って訴訟をするかとても迷っていた。彼は、同じく長時間労働に耐えられず退職した元同期などにも一緒に訴訟をしないかと声をかけたりもしたが、元同期からは「会社辞めてから残業代請求するとか、そんなん詐欺やん」と言われたそうである。もちろん、残業代請求は正当な権利行使であって、残業をさせながら残業代を支払わない「犯罪行為」を行ったのは、会社のほうである。洗脳合宿の呪縛《じゅばく》は恐ろしい。

新卒での就職でつまずいたとはいえ、彼はまだまだ若いのだから新たなキャリアを目指すなら早いほうがいい。どちらがより正しいというものではなく、彼のそれからの人生を考えれば、彼が和解に応じたのも正しい判断だったと思う。彼はその後、和解解決金を元手に勉強し現在、労働基準監督官として働いている。

今回この原稿執筆にあたって連絡して、この件を書くことの了解をもらったのだが、その際に彼から現時点での感想をもらっているので以下に紹介する。

「毎年、新卒の採用の時期になると、この会社の採用サイトを見てしまう。毎年新たに学生が採用されていて、胸が痛む。企業が元気に継続していて、やるせない気持ちになる」

「ブラック企業に入社する人は、その人にも問題があると捉《とら》える人もいると感じるが、状況次第で誰でも騙される可能性はある。そうなってしまうことに、本人の能力や人間性は関係ないと思う」

彼はこれだけ大変な思いをした後に労働基準監督官になった。今後も、酷い目に遭った労働者の気持ちが分かる監督官として仕事をしていくだろうと思う。事件は終了しているので、今この会社がどのような労務管理を行っているのかを知ることはできないが、会社のほうも、彼の件を通じ自社の労務管理が労基法に反する違法なやり方であったことを理解はしたと思う。そのようなやり方を改めていることを、切に願う。

11　とある企業

「朕は国家なり」を地で行く暴走社長

小野山静

至近距離で暴走する社長たち

我々弁護士がブラック企業の社長と対峙《たいじ》する機会として、労働審判がある。

「裁判」という単語はよく聞かれるが、「労働審判」という単語は耳慣れないかもしれない。労働審判とは、30ページでも説明されているように個々の労働者と会社との間に生じた労働関係に関する紛争を、裁判所において、原則として3回以内の期日で、迅速、適正かつ実効的に解決することを目的として設けられた制度で、2006年4月より始まった。

一般的に、労働審判では、裁判官1名を含む3名の労働審判員、労働審判の中立人である労働者本人とその弁護士、労働審判の相手方である会社の関係者と会社の弁護士、これらの人物でひとつの大きな机を囲んで座る。

要するに何が言いたいかと言うと、それぞれの距離が近いのである。お互いに2、3メートルくらいしか離れていない。そのような状況で、ブラック企業の社長たちが暴走する姿を何度か見てきた。距離が近い分、それはそれはなかなかの迫力であった。

今回は、労働審判で目の当たりにしたブラック企業の社長たちの中でも特に印象に残っている社長を紹介しよう。

その会社は、30代の女性労働者が会社に結婚の報告をしたところ、翌月に解雇してきた。女性労働者はそのとき妊娠していたわけではないが、その会社はそれまでにも結婚直後の女性労働者の解雇を繰り返していて、近いうちに妊娠・出産の可能性が高いことを考慮したものなのは明らかであり、マタニティ・ハラスメントすれすれの解雇といえた。

しかし、さすがに会社も、妊娠・出産の可能性があるという理由では解雇できないというのはわかっていたのか、女性労働者には解雇の理由をリストラとだけ説明してきた。

もっとも、リストラだって簡単にできるものではない。

リストラとは、一般的に会社の経営上の理由による解雇を意味するが、そのような解雇を我々は「整理解雇」と呼んでいる。

整理解雇は、従業員には落ち度がないのに、経営状態という会社の都合で解雇するものなので、より厳しく判断されることになっており、具体的には、

1　会社の経営を続けるためには解雇もやむを得ないか（人員削減の必要性）
2　解雇を避けるために会社として経費の削減などの手を尽くしたか（解雇回避努力）
3　解雇をする人の人選には納得できる理由があるか（人選の合理性）
4　整理解雇をする前に労働者や労働組合に十分な説明などをしたか（手続の妥当性）

これらの4つの条件を満たしている必要がある。

女性労働者は理不尽な解雇に納得できず、労働審判を申し立てた。

「私は社長ですよ！」

労働審判の第1回期日には、女性労働者、女性労働者の弁護士である我々、会社関係者として社長と人事部長、そして会社の弁護士が出席し、ひとつの机を取り囲みながら労働審判が始まった。

当然、労働審判の場では、会社による解雇が認められるか否かが争いとなり、4つの条件が満たされるかが問題となった。労働審判開始5分、労働審判員から最初の質問がなされた。

「会社の業績は悪いんですか？」

この質問が、会社を一代で立ち上げた社長のプライドに火をつけた。社長はやおら立ち上がり、「いいえ！」と大きな声で答え、そこからは社長の独壇場。

自分の会社の製品がどれだけ優れているか、自分の会社がどれだけ業績をあげているか、語る語る。社長の横に座っていた弁護士が必死に社長を止めようとするものの、社長は意に介さず、講演会さながらに自分の会社の素晴らしさを身振り手振りまじえて語り続ける。

「業績いいのにリストラするんかい」……社長以外のその場にいた全員が心の中で総ツッコミ。そもそもの前提が根底から崩れているが、社長はそれに気づく気配なし。

社長の演説が5分くらい続いたところで、労働審判員が間に入り、ようやく次の質問がなされた。

「業績は悪くないというのはよくわかりました。じゃあ、なぜ会社は○○さんを解雇したのですか？」

そこで社長が自信に満ち溢《あふ》れた顔で発した言葉、それは、

「私は社長ですよ！　私がいらないと思う社員をクビにして何が悪いんですか!!!」

なぜか、太陽王と呼ばれたフランス国王ルイ14世の「朕は国家なり」という言葉が頭に浮かんだ。絶対君主制ってやつですね。って、あなた、国王じゃないし。

とにもかくにも、社長の迫力に圧倒されてポカーンとする労働審判員、社長の横でうなだれる会社の弁護士、社長の暴走に思わず笑ってしまいそうな我々。なかなかカオスな空間だ

った。

当たり前だが、整理解雇という会社側の主張は認められなかった。最終的には、女性労働者は会社を退職することを選択し、会社側は解決金として女性労働者に賃金○年分を支払うこととなった。社長にとっては高すぎる授業料だったのか、自信に満ち溢れた顔が一転、苦虫を噛《か》み潰《つぶ》したような顔になっていたのが忘れられない。

確かに、会社の経営というのは並大抵の努力でできるものではない。社長の経営手腕や実績について評価すべきところもあるだろう。しかし、たとえ社長であっても、会社や従業員を全て自分の思いのままにしてよいわけではない。そのような誤解は、ブラック企業を生み出すだけである。

会社の経営者であり労働者の雇主という立場にある以上、労働基準法をはじめとする労働関連法令をきちんと遵守していただきたい。

12　マッサージチェーン

新人研修は0泊4日、仕上げはろうそくを見つめ涙を流す

佐々木亮

「欧米？」と口ばしってしまった奇妙な風習

ブラック企業と一口に言っても、様々あるが、私自身がけっこう衝撃を受けたエピソードを含むブラック企業を紹介しようと思う。

それは、都内を中心にマッサージ店舗を展開する某企業の異常な〝風習〟の話である。

私の同僚の弁護士のところに、ある若い女性労働者らが相談に訪れた。彼女たちは、弁護士に残業代の不払いを相談に来たというのである。私も同僚弁護士から声をかけられ、その相談に同席した。

話を聴くと、どうやら彼女たち自身の残業代が未払いであるというのは普通（？）の話なのであるが、どうも彼女たちは会社に命じられて、他の従業員の残業代を「削る」作業に従事させられているというのである。上司いわく「あいつらの働きに100％払う必要はない」と。

これだけでも相当ヒドい話なのであるが、まぁ、私も労働事件をたくさんやっている弁護士の端くれであるから、そのくらいの話では驚かないわけである。むしろ、そのくらいであれば、ドンと来い！　というくらいの気持ちを常に持ち合わせている。

しかし、彼女たちの繰り出す話はそれだけではなかった。

その会社では、彼女たちが嫌っている行事が月1回行われているという。彼女たちの話によると、毎月1回、社員一同を集めて会議が行われる。

その会議の最後に、社長（男性）が社員全員をハグするという恒例行事があるというのだ。

つい、私は「欧米？」と言ってしまった。

ナチュラルにタカアンドトシっぽくなりそうなところを寸前で抑え、「欧米？」で留《とど》めたが、彼女たちは真面目に「日本です」と回答してくれた。

具体的にはこうである。その会議の締めで、社員を社長の前に一列に並ばせ、次々ハグするというのである。社長のそのハグは、全社員に対してやるので別に女性だけではないという。しかし、やはり日本人的感覚ではハグされるのに抵抗があるようで、彼女たちや一部女性従業員は、何とか回避できないかと思考を巡らせるのだそうだ。

あるとき、彼女たちはその列にしれっと加わらない、というチャレンジをした。たくさん従業員がいるから、数名「ハグ忘れ」があったとしてもバレることはない……というのが彼女たちの狙いである。

しかし、である。残念ながら、社長はハグをしていないかどうかを判別する能力に長《た》けており、何食わぬ顔で列に並んでいなかった彼女たちに向かって「おい、お前たち。まだだったよな」と声をかけ結局、彼女たちはハグを食らうはめになったというのだ。

意に反するハグを食らった彼女たちは、これはもう逃げようがないんだ、と悟ったという。

もちろん、男女関係なくやればセクハラが免責されるというものではない。たとえば、男性の部長が、女性部下だけのお尻《しり》を触ればセクハラとなり、男女全員のお尻を触れば無罪放免になるということはなく、男女全員にやればOKということはあり得ない。

したがって、社長がハグをする際に「男女区別なくやっているから性的意図はないよ」と言ったとしても、彼女たち女性従業員側から「嫌だ」という気持ちを持たれる限り、セクハラになると言っていいだろう。

さて、こんな話を彼女たちはしていたのだが、実はこれも前座に過ぎなかった。

本当のブラック企業話はここからである。

0泊4日の新人研修

その会社に対する残業代事件を訴訟で起こし、彼女たちと打ち合わせの際に話をするたびに、その会社のブラックぶりをきいていたのだが、次の話は私も身震いを覚えた。

この会社では、新人研修を行っている。世間的には、会社が新人研修を行うのは別段珍しいわけでも何でもない。

しかし、この会社の新人研修の日程は「0泊4日」だという。

「0泊4日って、どこか海外に弾丸ツアーでもするんですか？」と思わず訊《き》きたくなるが、研修が行われるのは国内である。国内で0泊4日の意味は、「泊」がゼロということ、すなわち「寝ない」ということらしいのである。寝る予定が4日間の研修のスケジュールに組まれていないので「0泊4日」の研修なのだそうだ……。

「さすがに寝ないって、無理でしょ？」と私も思うのだが、実際に寝る時間はスケジュールにないらしい。ただ、食事の時間が確保されているので、その時間を睡眠に使うのだという。つまり、60分ある食事の時間を最初の5～10分くらいで済ませ、あとは寝るというのだ。

そんな中でやっている研修の内容は、理念唱和である。これを暗記し、大きな声で叫ぶのだそうだ。しかも、グループ単位で競わせるらしく、1名が間違えると全員が連帯責任を負うという。時には内容が合っていても、声が小さいとやり直しになるとのことであった。

もちろん、理念唱和以外にも研修はあり、社長の講話もある。しかし、0泊4日のため、ついウトウトする従業員がいるのだが、その従業員には、社長から容赦なくぶん殴られるという制裁がある。ある従業員は、社長から殴られ過ぎて顔の形が変わり「あんなやつ、いたっけ？」と話題になるほどだったという……。

言うまでもなく、いかなる理由であろうとも殴るのは犯罪で、この場合、傷害罪になることは間違いない。

しかし、この会社に言わせると、殴るのは愛情表現だという。残業代請求の相談に来た彼女らのうち1名が、社長が社員を殴ることについて「おかしい」と幹部に述べたことがあるという。その幹部は、「あれは愛情表現。父親が子どもを殴るのと一緒」と述べたという。

……あまりにいろいろとおかしいので、言葉を継げず、脱力感だけが残る発言である。

そもそも父親が子どもを殴るという前提がおかしいが、その幹部はまったくそのことに気づいていないのである。

暗闇でろうそくを見つめ、最後はみんなで涙を流す

そして、この過酷な、文字通り過酷な研修の最後の仕上げがまた異様である。

それは真っ暗闇でろうそくをただ見つめるというものである。

真っ暗な部屋でろうそくを見つめる。ひたすら見つめるという研修。何の意味があるのか、疲れ切った従業員たちには考える力もなく、ただ言われたとおり見つめるのである。

自分の考えなど必要ない、ただ見つめることを命じられたから見つめるのだ。それ以上の意味は要らないのである。長時間、暗闇でろうそくを見つめると、不意に明るくなる。すると、眼前に、社長以下、会社の幹部が立っているという。

新人従業員たちの反応はどうか？

それは、社長らに対し、「迎えに来て下さって、ありがとうございます」と涙を流して述べるという。

ここに晴れて会社に忠実な従業員が生まれるのである。もう彼らには会社の常識がすり込まれている。会社が右と言えば右を向くであろうし、カラスを白いと言えば白いと言ってしまうのであろう。ちなみに、眠らせないとか、暴力を振るうとか、暗闇でろうそくだけを見つめさせる（感覚遮断）などは、洗脳手段として有名なやり方である。これらは業務上必要な範囲を超えた行為を従業員に強要するものであるから、違法と言うべきだ。

この話をきいたのはもう何年も前である。本稿を書くにあたり、この会社は今もあるのだろうかと思い立ち、先ほど検索してみた。

まだ、立派に存在していた。

彼女たちの裁判は和解にて終了した。そのため、企業名は出せないが、この会社は今も社会に存在しているのである。

13　広告会社

追い詰められた夫は妻の機転で一命をとりとめた

中川拓

やさしく真面目な夫に起きた異変

１９７２年生まれ、大阪出身のＡさんは、芸術大学卒業後、グラフィックデザイナーとして東京で就職し、２００６年に愛する妻と結婚。３・11を機に、夫婦で東京から長崎にある妻の実家に移住し、12年、長崎の広告制作会社に就職した。この会社は、広告代理店の広告制作部門で、営業マンが取ってきた広告の制作を行っていた。代理店のビルの一角で、上司とＡさん、派遣社員の３人だけの職場。当初は上司に恵まれ、プライベートでも長崎で夫婦のマイホームを購入し、順調に長崎生活を送っていた。

Ａさんの人生が暗転したのは、13年３月。それまでの上司が定年退職し、代わりに代理店からＳが上司として配属されてきた。Ａさんは１年半、Ｓのパワハラを受け続け、14年７月に精神を病んで休職する。

Ａさんの異変を綴《つづ》った妻の手記を紹介したい。

主人と出会って10年以上経ちますが、今も変わらず、ずっと身内の私に対して、今時珍しいほど真面目で誠実で、正直で裏表なく優しく接してくれています。私の両親も友人も本人の周りの人たちも、皆が同じように主人に対してそう言ってくれています。以前の東京時代の会社の上司や同僚の方たちとは、家族ぐるみで仲良くさせていただいており、今でも連絡を取り合うほど関係は良好です。誰もが善良な人間として主人を慕ってくれています。主人は東京時代の上司や恩師を人間的にも能力的にも尊敬しており、主人も上司からの信頼を受けて、その能力を活《い》かし持ち前の真面目さと責任感を持って働いていました。思い出す限り、結婚式や新婚旅行以外に、仕事を休んだ記憶がありません。

主人の様子に異変が起きているのに気づき始めたのは、2013年10月ころからでした。長年やってきたデザインの仕事に対して、「もしかしたら向いてないんじゃないだろうか」など、卑下する発言をするようになりました。記憶力も低下しました。家庭で、何日か前に自分が話していた内容を、忘れてしまったりしました。また、たびたび、不安そうな、罪悪感に悩まされている様子でした。マイナスの思考や感情に陥っているようで、話しているうちに突然泣き始めたり、震えが止まらなくなったり、激昂《げきこう》してわめくなど感情がコントロールできなくなっていました。性格にも変化があり、謝らなくても良いことまで自分のせいにして謝るようになっていきました。

もともと趣味人の主人は、本来なら仕事を終え家でゆっくりする時間には、映画を見たり、音楽を聴いたり、絵を描いたり、映画や漫画やアニメの話をしたりすることが好きだったのですが、このころから、趣味にかける時間もほとんどなく、趣味に対する欲自体が無くなってきて、「自分が自分ではなくなっていっているようで怖い」と漏らしていました。

２０１４年３月ころから、寝室で眠っている主人が、深夜や明け方に、「ウウウ……」と苦しそうにうなされていたり、何か恐ろしいものから逃げるような、「アアー、アアー」というかすれ声で悲鳴をあげたりするようになりました。大声でわめいて飛び起きたりすることも、たびたびありました。目を覚ました主人に「どうしたの？　大丈夫？」と聞くと、主人は「悪い夢を見た、会社の」と答えましたが、思い出すのも辛《つら》い様子でした。

２０１４年６月下旬から、主人の様子はいよいよ異常に見えてきました。食欲はますます落ち、少しずつ衰弱している様子でした。また、「消えたい」「死にたい」という言葉が会話に出てくるようになっていました。毎日車で迎えに行っていた駅で、少しでも主人が駅から出てくるのが遅かったりすると、「死にたい」と言っていたことが脳裏をよぎり、ホームから飛び込んだりしたのではと胸騒ぎがして、何度もメールをしたり電話したりしました。

毎朝、主人は駅で通勤電車から降りて会社まで歩く間、電話で私と話しながら歩いていたのですが、このころ、その電話で主人が、「このまま自分が会社に行かずに消えたら、どうなるかな。会社の人たちはどうするだろう?」と話しました。またある日、「自分が死ねば生命保険が降りるし、団体信用保険で家のローンが帳消しになって、資産を遺《のこ》せるよね」という話も始めました。私は、主人が本当に自殺してしまうのではないかと思いました。

2014年6月26日の晩、帰りの電車で眠ってしまい一駅乗り過ごした主人を、駅まで車で迎えに行きました。駅に着くと、主人は駅入口の階段に腰掛け、ぐったりとうなだれていました。主人を車に乗せ走り出すと、主人は車の中で突然大泣きし出しました。別に、私から何か責めたり問いただしたりした訳ではなく、突然大泣きしながら、主人は「ごめんなさい、ごめんなさい」と謝り始めたのです。私が「どうしたの?」と聞いても、主人は「本当にごめんなさい、ウウ…」と泣きながら5分間ほど謝り続けました。「何かあった? 何かそんなに悪いことでもしたの?」と聞くと、「自分だけ外食をして帰ってきたことが申し訳ない」と言うだけでした。

２０１４年7月に入ると、主人はいよいよ情緒不安定な状態になりました。家のリビングで座っていても、わけもなく突然泣き出したり、泣きながら頭を抱えて「もう駄目だ、もう駄目だ」と繰り返し取り乱すようになりました。私が「大丈夫だよ、大丈夫だよ」と何度もなだめても、主人は虚《うつ》ろな目をして、私の声が聞こえていない様子でした。

２０１４年7月11日金曜日、もう限界だと感じ、私は泣きながら「もう頑張らなくていいよ」と主人に告げ、7月12日に両親に相談に行きました。主人は自殺の一歩手前でした。

罵倒、脅迫、人格攻撃、家族の悪口

Aさんは、14年7月14日月曜日、精神科を受診し、「適応障害・不安障害」との診断を受け、休職。妻はAさんに、会社で何があったのか詳しく聞き出した。

Sはそれまでの上司と違い、自分で仕事をほとんど受け持たなかった。営業が10個仕事を持ってくると、Sが受け持つのは1～2個で、残りはAさんと派遣社員に割り当て、Sは定時で帰る。

派遣社員も定時で帰るため、Aさんが残業するとSは「なぜそんなに時間がかかる！」と叱責する。しかし、Aさんが仕事を残して退勤すると、Sは「なぜ仕事を残して帰る！」と叱責する。SはAさんに「今日は何時に終わるのか？」と尋ね、Aさんが「22時です」と答

えると、「ギュッとやって19時に帰れ！」と不可能な時間を指定する。翌日、SがAさんの日報で指定時刻よりも遅く残業していることを知ると、厳しく叱責。悩んだAさんが日報に作業時間を短めに書くと、SはAさんを「犯罪者だ！」と罵倒する。

Sは、自分の中で独自のルールを作っており、それは前任の上司とは全く違うものだった。Aさんがあるクライアントと直接メールでやりとりしていると、「営業を通してやりとりしろ。ルール違反だ。お前は俺を馬鹿にしているのか！」と叱責し、Aさんが「このクライアントは前任の上司の時代から、このようなやり方でやっています」と説明しても聞こうとせず、「お前のミスだ！」と言い放つ。

Sは一度叱責を始めると、派遣社員にも、「お前もAが間違っていると思うだろう」と同調を強制しつつ、大声で2時間、3時間と続ける。過去、Sの長時間の叱責で倒れ、救急車で運ばれた社員もいたほどだった。

Sは、「もしお前のせいで会社に何千万と損害が出たら、賠償できるのか」と脅迫する。「お前は嘘つきだ」「卑怯だ」「俺を馬鹿にして腹の中で笑ってる」と人格を批判する。

直立不動で涙を流しながら叱責を聞くAさんに、「その涙も嘘としか思えない」とさらに罵倒する。Aさんの顔を見て、「なんだその目は、文句あるのか」「恨めし気に見つめやがって」「小馬鹿にした顔しやがって」と表情を批判する。果ては、「大阪は食い倒れとか言って馬鹿。大阪弁は嫌い」「お前の前の職場や上司はろくでもない」「お前の嫁さんは世間知らずのオタク」と、出身地や前職や家族まで罵倒する。

明らかに「指導」の範囲を逸脱していた。

Sは A さんに、「営業と馴《な》れ合うな」「営業が努力をしないせいで、なんで制作が余分な作業をしなければならんのだ！」「営業の言いなりになって甘い顔をし、便利に使われているお前が悪い！」「営業に面白半分な批判をされたら、毅然《きぜん》とした態度で抗議し、謝罪させろ。見逃せば、お前も同罪と見なすからな」と脅していた。そのため、A さんは口頭で営業1人1人に、S が言う「営業への苦言」を伝達し、代理店の社員全員が閲覧する日報にも、苦言を書かされた。A さんは、それまで雑談をしたり一緒に飲みに行ったりしていた営業社員たちから、話しかけられることも飲みに誘われることもなくなり、社内で孤立していった。

妻が異変を察知「もう頑張らなくていいよ」

13年12月、A さんの言動や業務の進め方が思い通りにならないことに業を煮やしたSは、「今までのお前のミスやルール違反を上に知らせず、俺のところで止めているから、辛《かろ》うじてお前の首は繋がっているんやぞ！　お前のミスを明らかにしてやろうか！　今までのミスを俺が明らかにすれば、お前クビぞ！　脅しじゃなかぞ！　リーチかかっとるんやぞ！」と吐責し、Aさんのクビを示唆した。この時Aさんは、1回目の自殺を考えた。

14年7月初旬、Sは、スケジュールを即答できなかったAさんに、「何度言っても『わかりました』という返事ばかりだ！　お前は素直なフリをしているが、素直そうなその返事も俺には嘘としか思えない！　嘘をつく奴に仕事は任せられない！　毎日のスケジュールミーティングからお前は外す！　スケジュール管理という業務をさせんということは、それ相応の処遇になるということやからな！　覚悟しとれ！」と叱責し、再びクビを示唆した。この時Aさんは、2回目の自殺を考えた。

14年7月11日、Sは、Aさんへの叱責がエスカレートし、いつもにも増して酷い暴言を吐いた末、「今後もうお前の報告は聞かん！　勝手にやれ！　俺は知らん！　何かあれば、お前が全責任を負え！」と言った。

その後AさんはSに、営業との打ち合わせ結果を報告しようとしたが、Aさんが「すみません」と言い終わらぬうちに、Sは「知らん！　聞かん！」と大声で拒絶した。

Aさんは「いよいよ本当に愛想を尽かされた。見捨てられた」と絶望を感じ、3回目の自殺を考えた。そして帰宅後、明らかに精神が崩壊しているAさんに、妻が泣きながら「もう頑張らなくていいよ」と言葉をかけ、休職に至るのである。

休職開始から1年が経過した15年7月、会社はAさんを、「休職期間が満了しても職場復帰できていない」と解雇した。Aさんは労災申請し、16年1月、長崎労基署はAさんの精神疾患を、パワハラによる労災であると認めた。

現在Aさんは、会社に対し、解雇無効の請求、パワハラの慰謝料請求、残業代請求（Aさんは、月平均60時間の残業をしていたが、会社は1円の残業代も支払っていなかった）等の民事訴訟を起こし、審理中である。

幸い、Aさんが自殺せずにすんだのは妻が異変に気づき、危険を察し、Aさんが仕事に行くことを無理にでも止めたからである。しかし、Aさんは心に深い傷を負い、今でも働くことができず、夜もよく眠れない。眠れたとしても会社の夢を見て酷くうなされ、自分の呻《うめ》き声や悲鳴で飛び起きる日々である。

妻は、Aさんが自殺するのではないかと心配で、ひとときも目を離せないでいる。毎日のように潰され削られてきた自尊心や自信を、Aさんが回復するには、長い時間がかかるだろう。職場でのパワハラは、わずか1年半で、簡単に、1人のごく普通に生きてきた人間を壊し、家族の人生を狂わせてしまうのだ。

18年の1審判決（第二章の14の記事）の後、会社はAさんに、第二章の14の記事でいう、①のパワハラ慰謝料と弁護士費用275万円、その遅延損害金61万円、③の残業代236万円、その遅延損害金72万円を支払いつつ控訴し、控訴審で②と④を争った。しかし、控訴審では19年、「会社は、Aさんに対し、慰謝料として……既払金とは別に、2000万円の支払義務があることを認める」という和解が成立し、結局会社はAさんに総額2644万円を支払って訴訟が終了した。Aさんは体調が回復し、今も自営業でデザイナーをしている。

14　広告制作会社

パワハラ被害に裁判所が2000万円の支払い命令

中川拓

支払い命令の額は2000万円

Aさんは、デザイナーとして入社した広告制作会社で、2013年3月に新しく上司になったSから、「嘘つき」「卑怯《ひきょう》者」「犯罪者」など人格を否定する叱責《しっせき》（パワハラ）を受け続け、精神疾患（適応障害）を発症し、14年7月に休職。1年後、休職期間満了を理由に解雇された。詳細は、第二章13「追い詰められた夫は妻の機転で一命をとりとめた」をお読みいただきたい。これはその後日談である。

凄絶なパワハラを受けた労働者は自殺することも多い。しかしAさんは生き残った。そして弁護士に相談し、裁判で争うこととした。15年12月10日、Aさんは長崎地裁に提訴。そして3年後の18年12月7日、土屋毅裁判官は、会社に合計約2000万円の支払いを命じ、Aさん勝訴の判決を言い渡した。

マスコミ各社は、この判決を大きく報道した。その要因には、支払い命令が「約2000

万円」と大きかったという点もあるだろう。ここには、次のような様々なお金が含まれている。

①パワハラの慰謝料・弁護士費用：275万円

判決は、上司Sによる約1年間にわたるパワハラについて、こう総括し、慰謝料を250万円、弁護士費用を25万円とした。

「被告Sは、2013年3月以降、原告の業務負担が従前より増加する中、逆により短時間で結果を出すよう原告にとって困難な目標の達成を求め続けたり、営業部門との板挟みになって対処に窮するような指示をし続け、それらが実現できないと、指示に従わないとして厳しく注意、叱責するということを繰り返し、業務が更に繁忙となった同年7月頃以降は、そのような注意、叱責が頻回にわたるうち叱責中の原告の目つきや態度が気に食わないとして叱責したり、過去に叱責した問題を蒸し返して叱責したり、被告Sが何について叱責したいのか告げないまま叱責し、原告が何について叱責されているのか分からないことを更に叱責したりするといった、内容的にはもはや叱責のための叱責と化し、時間的にも長時間にわたる、業務上の指導を逸脱した執拗ないじめ行為に及ぶようになっていた。」

「被告Sによる不法行為は、遅くとも2013年7月頃から約1年間にわたり続き、そのため、原告は適応障害を発病し、最終的には精神的安定を損ない、希死念慮にかられるまで精神的に追い詰められて就労困難な状態に至ったものであり、それから4年が経過した現在においても職場復帰が可能な程度の寛解に至っていないと認められる。また、被告会社の対応はパワハラによる不法行為の被害者に対する対応として不十分といわざるを得ないことにも鑑《かんが》みると、休職後の賃金が支払われることで原告の不利益が一定程度回復され得ることなどを考慮しても、原告の精神的苦痛を慰謝するには、２５０万円が相当であり、また、弁護士費用としては、25万円が相当である。」

パワハラ裁判での慰謝料は、被害者が自殺したケースでは１０００万円を超えるが、最近は被害者が生き残ったケースでも、５００万円以上を命じるケースも見られる（東京地裁平成28［２０１６］年12月20日判決、山口地裁周南《しゅうなん》支部平成30［２０１８］年5月28日判決など）。そのため、本件の慰謝料２５０万円は、高額の部類には入るが、特段に高額というわけではない。これは、次で述べる「未払給料」の金額が大きいことが影響したと思われる。

②休職してから現在までの給料：１４１７万円

この会社は、Aさんが休職して以降、給料を1円も支払わず、休職から1年後には解雇した。裁判中、会社は解雇がまずいと思ったのか解雇を撤回してきたが、依然として給料は支払わなかった。

判決は、「Aさんが休職したのは、会社のパワハラが原因なので、Aさんが休職してから現在までの給料は、全額会社が支払わなければならない」とした。給料が出なくなったのは14年8月分からで、直近の給料は18年11月分なので、未払いは4年4か月分。Aさんの手取りは月27万2500円なので、判決が支払いを命じた給料は1417万円となった。

③残業代・付加金：334万円
この会社はAさんに全く残業代を支払っておらず、裁判でも、「ボーナスが残業代の代わりだった」などという無茶苦茶な主張をしていた。判決は、会社に対し、残業代236万円、付加金（悪質な不払残業に対する罰金のようなもの）98万円の支払いを命じた。

④「パワハラ裁判中のパワハラ」の慰謝料・弁護士費用：22万円
信じがたいことに、パワハラ裁判中、会社はAさんの自宅や親族の家にAさんを誹謗中傷する手紙を送りつけてきた。Aさんは手紙を読んで、過呼吸の発作を起こした。

判決は、この「パワハラ裁判中のパワハラ」を次のように断じて、会社と社長に対し、慰謝料20万円、弁護士費用2万円の支払を命じた。判決文を読めば、いかに酷い手紙だったかがわかるだろう。

「手紙は、直接原告に宛てて、『被告Sのマインドコントロール下にあった精神状態で、私ども会社のお客様からの大事な業務をしていたのかと思うと、ぞっとします』などと、被告Sのパワハラを受けつつ業務をしたことを原告の落ち度であるかのように問題をすり替えて原告を非難したり、『貴殿のことを思いやってからの行動であるにも関わらず、貴殿は裁判に訴えるという暴挙にでました』『社会通念上、会社の社員がとる行動か全く理解できません』『復職したいという人間が、会社のことを誹謗中傷するなど、当然許されない愚行』『貴殿は今回の件を…などと理解不能な主張をしていますが、入社2、3年の人間の言動として余りあるものです』『もういい加減にこの問題に自分なりに決着をつけ、今後の貴殿の5年後、10年後、20年後の人生を前進的なものにしていただきたい』などと、全体として、原告が自らのパワハラ被害を訴えて会社を批判し、本件訴訟で係争すること自体が非常識で分をわきまえない行為であるかのように原告を見下して一方的に非難し、貶《おとし》めたりするものであって、これらの文書を送付する行為は、原告の名誉感情を侵害する違法な侮辱行為に当たり、不法行為を構成する。」

⑤総額：2048万円

以上で総額2048万円。これが「パワハラで2000万円支払命令」の判決の金額の中身である。労働者1人を軽く見て不当な取扱いをすればいかに高くつくか、今回の会社はよく学んだであろう。

しかも③の給料は、会社が支払わない限り今後もずっと増え続ける。また、この2000万円以上の金額の全部に年5～6％の遅延損害金（利息のようなもの）も付く。この判決によって、抵抗すればするほど不利益を受けるのは会社側となった。Aさんの長い裁判闘争の結果、その努力と執念が実り、裁判所が最後に「正義」を示すに至ったのである。

マスコミからよく質問されるのが、Aさんが勝訴した要因である。Aさんは働いていた当時、上司Sから人格を否定されるような叱責を受けても、「仕事ができない自分自身が悪い」と思い込み、涙を流して謝っていた。それが「パワハラだったのでは」と気づいたのは、休職した後である。そのため、パワハラの録音は一切残っていなかったし、当時の日記やメモもなかった。ではどうしたか。

勝訴できた要因とは

1点目は、Aさん自身の記憶の復元である。Aさんは地道に、自分が仕事中に受けた被害の詳細を1つ1つ思い出していった。その際に役立ったのが、業務日報、妻とのメール、デザインのためにスマホで撮った写真など、一見パワハラとは関係のない資料。業務日報については、労災申請をすると、労基署が会社から取り寄せてAさんに提示してくれた。その他は、Aさんのスマホに残っていた。Aさんは、そうした客観的な資料を1つ1つ眺めることで、当時あった出来事を具体的に思い出し、時系列に並べることができた。辛い作業だったと思うが、Aさんは、パワハラ裁判を提訴する頃には、79項目ものパワハラに関する出来事を非常に詳しい状況とともに書面にまとめあげていた。

2点目は、元同僚Bさんの協力である。Aさんの職場には、上司S、Aさん、派遣社員Bさんがいた。Bさんも上司Sからパワハラを受け、Aさんよりも先に退職していた。AさんがBさんに協力を求めたところ、Bさんは快く応じてくれた。Bさんは、労基署の事情聴取に応じ、裁判でも証人として出廷、Aさんがどのようなパワハラを受けていたのか、自分が目撃したことを話してくれた。これは在職中、AさんがBさんに人間的な対応をしていたからこそ。日ごろの生き方は大切である。

3点目は、上司S自身、事実関係をあまり否定しなかったことである。裁判で上司Sは、「そのような発言はあったが、それは、自分の後継者として期待していたAさんへの愛情を込めての厳しい指導だった」と、「パワハラではなく指導だった」という評価の問題として争ってきた。

では、裁判で最も重要なのはどれだったのか。私は、①のAさんの記憶の復元だったと考えている。上司Sが事実関係を概《おおむ》ね認めたのは、Aさんが詳細な事実を積み上げた結果でもある。非常に詳しい事実を提示したことで、それを全部「Aさんの妄想」と切って捨てることはできなくなったのだろう、と私は思っている。

当然、パワハラ裁判では、上司が事実関係を否定してくる場合もある。協力してくれる同僚がいない場合もある。そんな場合でも、被害を受けた労働者本人のしっかりとした記憶によって、「確かにそのような事実があった」と裁判官に印象付けられるか否かが、非常に重要となるのである。

しかし、人間の記憶はすぐに薄れる。私も、たとえば今年風邪をひいたのが何月だったか、すぐには思い出せない。記憶力に自信のない方は簡単で良いので、その都度、手帳に書き込む、LINEに書く（LINEは自分だけのグループも作れて、それは日付入りの自分専用メモになる）、といった癖をつけてもらいたい。これだけでも随分違うものである。

どんなに絶望的な状況になっても、自分は仕事をしたんだという誇り、労働者としての誇りを失わずに、しっかりと生き残って、過去を冷静に見つめ直すこと。そうすれば必ず、正義はあなたに味方するはずだ。

第三章

地獄の長時間労働と残業代不払い

1　とある企業

固定残業代を駆使！「定額働かせ放題」へのあくなき野望

島田度

固定残業代による見せかけの高収入にご注意を

今回は「固定残業代の繰越制度」という、ちょっと耳慣れないものについての話をしたい。

固定残業代とは、次のようなものである。

仮に月40時間分の時間外労働に相当する残業代が固定残業代とされているとすれば、

（A）ある月の時間外労働が45時間であった場合には、固定残業代40時間分＋5時間分の残業代が支払われる。

（B）ある月の時間外労働が10時間しかなかったとしても、40時間分の固定残業代を支払う（30時間分の残業代を引いたりはしない）。

このように、本来の固定残業代とは、長時間働けば差額精算がされるし（A）、いっぽうで短時間しか働かなかったとしてもそれで残業代が減ることはない（B）。

もっとも、実際には少なからぬ企業において、上記（A）の差額精算が行われない、つまり文字通り残業代が「固定」されてしまい、いくら働いても支払われる残業代は定額という扱いがされてきた。

「定額使いホーダイ」とも揶揄《やゆ》されるゆえんであるが、もちろんこれは違法であり、労働者には差額精算を求める法的権利がある。このことも最近はだいぶ常識になってきたように思われる。

しかし。

そうすると、ブラック企業は、またよからぬことを考える。

……――（A）の差額精算が仕方ないのは（しぶしぶ）理解したが、これでは、（B）の30時間分について、一方的な残業代の払い損ではないか。

金は払っているんだから、その分だけでも働かせたい――。

これを解決するのは簡単で、単に固定残業代制度をやめればいいだけである。

しかしブラック企業は、それはしたくない。固定残業代をやめてしまうと、求人票に記載する月収額が低くなり、良い人材が集まらなくなってしまうからである。

かくして、固定残業代による見せかけの高収入を維持しつつ、労働者を長時間働かせるべく、ブラック企業はまた悪知恵を働かせるのである。

企業にとっては〝合理的〟な繰越制度でうつを発症

前置きが長くなったが、ここからが実際の事件の話である。

数年前の年末、クリスマス当日に事務所の電話が鳴った。電話をかけてきたのは、とある企業の産業医で、次のような内容であった。

「自分が産業医を務めている会社がとんでもないブラック企業だ。いま診ている労働者が、このままでは壊れてしまう。明日から冬休みに入るのだが、年明けに出社させたくないので、なんとかこの年末年始に相談を受けてやってほしい……」

産業医が自らのクライアント企業を「ブラック企業」と言い切っていることに、尋常ではない事態を感じ、なんとか都合をつけて、年明け早々に相談を入れることにした。

産業医とともに相談に訪れたのは、20代のシステムエンジニアの青年だった。

この青年は、超長時間労働のため、うつ病になってしまったという。

そして、この青年に適用されていた給与制度が、「固定残業代の繰越制度」であった。

就業規則によると、この制度は固定残業代として支払った残業代のうち、当月の未消化分について翌月以降に「繰り越す」ということであった。

冒頭の例でいうと（B）の未消化分30時間は翌月に繰り越されることになる。

したがって、翌月70時間時間外労働をしたとしても、その月の固定残業代40時間分プラス繰越分30時間分で残業代は支払い済みということになり、差額精算は一切行われない。

この制度、一応、計算上は働いた時間に対応する残業代は支払われることにはなるので、パッと見には何が問題なのかわかりにくいかもしれないが、実は、超長時間労働を誘発する極めて恐ろしい制度なのである。

そもそも時間外労働に対して割増賃金が支払われるのは、企業側に残業抑制のインセンティブを与えることによって、労働者の健康を守るためである。つまり、残業代とは、企業にできるだけ残業させたくないと思わせるためのものなのである。

しかし、「固定残業代の繰越制度」は、これと真逆のインセンティブを企業に与える。

たとえば、閑散期が続き、上記（B）の月が半年くらいあった状況を想定してみてほしい。

固定残業代の「繰越分」は、既に30時間×６か月で１８０時間分も溜《た》まることになる。

企業からすると、この１８０時間は、働いてもらわなければ残業代の払い損であり、むしろぜひとも長時間働かせたい。

こうして、いざ繁忙期が来たとき、企業は進んで労働者に超長時間労働をさせることになるのである。

この制度は、繁忙期・閑散期がある企業にとっては、とりわけ〝合理的〟な制度である。青年のシステムエンジニアという職業も、大きな案件の納期間際は極めて忙しく、他方、受注が途切れたときは手すきになるという、繁閑の差が著しい仕事であった。

実際、この青年については、閑散期に繰り越された固定残業代の蓄積が、もっとも多い時期では150時間分以上にも達していた。

繁忙期にはこの蓄積された繰越分が湯水のように消化され、酷い時期には1か月あたりの時間外労働時間が180時間を超えるまでに至ったが、残業代の差額精算分は発生しないか、あるとしてもごくわずかな額にとどまっていた。そしてこの180時間超えの時間外労働の翌月に、青年はうつ病を発症したのである。

あれこれ法律文献を調べてもほとんど記載が見つからないような制度であったが、それでもこんなものは明らかにおかしい、という直感にしたがい、弁護団は総力をあげてこの事件に取り組むことにした。

高プロで「定額使いホーダイ」が合法化

訴状には、「固定残業代の繰越制度」が違法無効であるとする、思いつく限りの理由付けを分厚く並べた。

また、提訴に合わせて労災も申請し、無事に支給決定を勝ち取った。

これらの甲斐《かい》あってか、裁判所も当方の主張に理解を示してくれた。

そしてついには、被告企業が裁判の最中に自らこの「固定残業代の繰越制度」を廃止するまでに至ったのである。

最終的にこの訴訟は和解で決着し、和解条項では、固定残業代の繰越制度を復活させないことを企業に約束させ、また従業員に長時間労働をさせないような体制の構築も約束させた。

なお余談だが、被告企業では、この「固定残業代の繰越制度」の導入前には、「専門業務型裁量労働制」という制度が用いられていた。詳細は省くが、これも要するに一定額以上の残業代を支払わなくてよいというものである。

しかし、新卒1年目のシステムエンジニアに職務上の裁量権があるはずもないため、労基署から同制度の適用について「ダメでしょ」という指導が入り、同制度はやめざるをえなくなっていた。「固定残業代の繰越制度」は、これに代替するものとして、苦心の末に編み出されたものであったと思われる。

ことほどさように、ブラック企業の「定額使いホーダイ」への欲望は、強く、根深い。2018年に成立してしまった、いわゆる「高度プロフェッショナル制度」は、この欲望がついに合法化されてしまったものではあるが、これ以外にも、ブラック企業は今後も違法な手段も含めてあの手この手で「定額使いホーダイ」を実現しようとしてくると思われる。

「あれ、これは実質『定額使いホーダイ』なのでは？」と思われるケースがあったら、迷わずにブラ弁に相談してほしい。

2　とある企業

理不尽な労働契約なら結んでしまっても無効にできる

前田牧

残業代の目安となる時給は法律で規定されている

ある日の夕方、女性（Aさん）が相談にやって来た。聞くと、「残業代をきちんと支払ってもらってない」ということだった。残業代の計算の基礎になる1時間あたりの給与が低く計算されているというのだ。

そこで、雇用契約書を見せてもらうと、給与の欄には「基本給○万円＋職務給○万円」とあるが、残業代の欄には「職務給を除く基準内給与を基準額とする」との記載があった。「つまり、残業代の計算の基礎に職務給が入ってない、それで残業代の金額が安くなってしまっているということですね」

私がそう聞くと、そうだという。

残業代（割増賃金）の計算をする際には、まず1時間あたりの給与がいくらになるのかを計算する。この1時間あたりの給与を「1時間あたりの基礎賃金」というのだが、この「基礎賃金」の計算にあたって、基本給の他に手当などの支給がある場合に、どれを除外できるのかについては、労働基準法に明確な決まりがある。

労働基準法によると、この「基礎賃金」の計算から除外できるのは、

①家族手当
②通勤手当
③別居手当
④子女教育手当
⑤住宅手当
⑥臨時に支払われた賃金
⑦1か月を超える期間ごとに支払われる賃金

となっている（労基法37条5項、労基法施行規則21条）。これらは、例として挙げられているのではなく、これしか除外してはいけないという意味で挙げられている。

つまり、ここに挙がっていないものは除外できないということだ。Aさんの会社で支給される「職務給」は、毎月支給されるので⑥⑦でないことは明らかだし、無論①～⑤でもない。

したがって、法律によって基礎賃金の計算から除外できる項目にはなっていないということになる。つまり「除外はできない」ということになるのだ。

また、Aさんは既に退職しているのだが、退職金規定で計算するよりも低い額の退職金しかもらっていないという。

Aさんによれば、その会社には退職金規定が存在するとのことであった。確認すると確かに計算式まできちんと規定した退職金規定があり、計算してみると支給された退職金の額よりも、退職金規定によって計算した方が高額になった。

そこで会社に残業代と退職金の請求書を送ったところ、会社から退職金について、以下のような回答があった。

――会社には特に決まった退職金規定はなく、Aさんとの間の労働契約でも退職金には「特に定めがない」旨の合意をしている――

ここでは、このように、個々の労働者との間で取り交わした労働契約と就業規則の内容が違った場合、どちらが優先になるのかを確認しておきたい。

労働契約法7条には、

「労働者及び使用者が労働契約を締結する場合において、使用者が合理的な労働条件が定められている就業規則を労働者に周知させていた場合には、労働契約の内容は、その就業規則で定める労働条件によるものとする。」

という規定がある。これを見ると、個別の労働契約の内容が優先されそうだ。しかし労働契約法7条には続けて、

「ただし、労働契約において、労働者及び使用者が就業規則の内容と異なる労働条件を合意していた部分については、第12条に該当する場合を除き、この限りでない。」

とある。

そこで、第12条を見てみると、

「就業規則で定める基準に達しない労働条件を定める労働契約は、その部分については、無効とする。この場合において、無効となった部分は、就業規則で定める基準による。」

とある。

つまり、就業規則よりも個別の労働契約の方が優先されるのは、個別の労働契約の方が労働者にとって有利な場合ということになる。なお、就業規則も労働基準法などの法令や労働組合と会社の間で結ばれる労働協約に反している場合には、その就業規則も無効になる（労働契約法13条）。

1人1人の力は弱くても

個々の労働者は立場が弱く交渉力もないので、どうしても不利な条件で労働契約を結んでしまう。そこで、まずは国の力で最低条件を定めて、これを下回る条件を無効にすることとしたのである。

さらに労働組合など集団の力を用いることによって会社とより対等な関係で結んだ内容は個々人が結ぶ労働契約よりも労働者に有利であろうから、個々の労働契約よりも優先させた。そうすることによって、労働者が弱い立場で不利な労働条件で働かされることを防ごうとしているのである。

例えばAさんの場合、退職金については、個別の労働契約で退職金を支給しない旨合意していると考えた場合、退職金規定（これは就業規則の一部ということになる）の方が、Aさんと会社が結んだ個別の労働契約よりもAさんにとって有利な内容となる。そうすると、個別の労働契約の中の「退職金については特に定めない」という部分は無効になり、退職金規定の内容が労働契約の内容として適用されることになるであろう。

なおこの会社、先に挙げた「職務給」については、賃金規定（これも就業規則の一部となる）に、職務給は固定残業代であるかのような規定を置いていた。しかしAさんとの間の個別の労働契約書にはそのような内容はない。

この場合、職務給が固定残業代となると、Aさんつまり労働者に不利な内容となってしまうので、労働者にとってより有利な内容を定めている労働契約の職務給部分は無効にならず、賃金規定よりも優先されることになるであろう。

さてこの問題で改めて考えさせられるのは、労働問題における「集団の力」である。個々の労働者が個別に会社と労働契約を結んだのでは、低賃金、長時間労働、劣悪な環境など労働者にとって不利な条件で働かされてしまうという問題は大昔からある。これに対して労働者は、労働組合などの「集団の力」、またその集団の力による法令の整備という手段で対抗してきたのである。

いまブラック企業で働いているというあなた、対抗するためのキーワードは「集団の力」である。1人で悩まずに、仲間を作って頑張ってみてほしい！

3　警備会社

労働組合に相談したら会社から裁判を起こされた

竹村和也

開かれた団体交渉は一度だけ

労働者が会社に未払残業代を求めて裁判を起こすことは良くあることだ。では、会社から「未払いの残業代は存在しない」という裁判を起こされることはどうだろうか。今回ご紹介するのはそのような事件である。

Xさんは、警備会社Yで働くアルバイト従業員（警備員）だ。Xさんの警備業務は、シフト制だが、深夜（午後10時～午前5時）の時間帯にわたるシフトもあった。また、決められた時間に警備業務を始める前に、引き継ぎノートを確認したり、制服に着替えなければならず、それらの作業には15分程度必要であった。アルバイト警備員の賃金は日当制なのだが、その時給に深夜労働に対する割増手当（労働基準法37条4項）が含まれているか判然としなかった。警備業務の開始前に行う作業についても賃金は支払われていなかった。

Xさんはそのような取扱いに疑問を持ち、誰でも加入できる労働組合Zに加入し、仲間とともにY社に未払賃金を支払うことなどを要求していた。

ある職場で残業代の未払いが横行することは、（残念ながら）よくある。その際、泣き寝入りする例も多いが、その不正を正すべく声をあげる労働者もいる。会社（使用者）と交渉し、交渉で解決しなければ裁判を起こすこともある。では、労働者がその権利を実現する方法は、個人で交渉したり裁判するしかないのだろうか。そうではない。強力な存在がある。労働組合だ。

憲法は、労働者が労働組合をつくり、使用者と団体交渉をすることを保障している（憲法28条）。使用者が労働組合をつぶそうとしたり、組合員を不利益に取り扱うことは禁止されているし、労働組合からの団体交渉の要求を正当な理由なく拒否することも禁止されている（労働組合法7条）。労働者個人で会社と対等に交渉することは難しくても、労働組合に加入したり、労働組合を結成して会社と交渉するという強力な手段があるのだ。

Xさんたちは、そのような労働組合の力で問題を解決しようとした。団体交渉も開き、問題点を追及した。

しかしY社は、団体交渉を1度開いただけで、「未払いの残業代は存在しない」との訴訟を起こしてきたのだ。Xさんや Z組合は労使での話し合いでの解決を求めていたが、Y社は団体交渉での解決を追求せず、訴訟を提起したのである（なお、訴訟が継続していることは団体交渉を拒否する正当な理由とはならない)。Z組合の顧問である私を含めた弁護士は、Xさんの代理人となり、反訴を提起することにした。

裁判の争点は、

①日当に深夜労働手当が含まれているのか

②警備業務前の着替え時間などは労働時間か

の2点である。

②については、それらの作業がY社の指揮監督のもとで行われていたということになれば、Y社は賃金を支払わなければならない。そのためには、どのような会社の指示があったのか、着替え等の作業に実際どれほどの時間がかかるのか、という点を示す必要がある。Z組合主導のもと、Xさんたちからの聴き取りや会社資料をもとに具体的に示すことができた。

①については、労働者に支払われている賃金が深夜労働手当を含めるものであることが明らかであるか否かが判断の目安とされている。Xさんたちのように深夜労働が想定される労働者について、その支払われる日当に深夜労働手当を含めることが明らかといえるだろうか。Y社においては、アルバイト警備員と労働契約書を締結せず、賃金規程やその他の規程にも

日当に深夜労働手当が含まれていることは記載されていなかった。これでは、日当に深夜労働手当が含まれているということはできない。私たちはそのように主張した。

和解で職場全体の環境が改善された

Z組合の全面的なバックアップがあり、Xさんが優位に裁判を進めることができた。結果、裁判所による積極的な介入もあり、Y社が和解に応じることになった。その和解には、Z組合も利害関係人として参加することになった。和解の内容は、概要、以下のとおりである。

1　Y社は、警備業に就く労働者との労働契約において、通常の労働時間分の賃金と、時間外や深夜などの割増賃金とを明確に区分けし、今後警備業に就く労働者を募集する際にはこの内容を明示する。

2　Y社は、Xを含む警備業労働者との間で、上記1の内容の労働契約を締結する。Y社は、労働契約に関しては雇用契約書を作成して労働者に渡し、変更する場合も雇用契約書を変更したものを作成して労働者に渡す。

3　Y社は、Xを含めた警備業に就く労働者に、シフトで取り決めた労働時間前に出社する義務のないことを確認する。

4　Y社は、厚生労働省のガイドラインが定める労働時間管理を実施し、警備業に就く労働者の労働時間管理を徹底する。

5　Y社は、年次有給休暇の取得日数、残日数を、Xを含めた警備業に就く労働者に対して個別に説明してその取得を全社的に促進する。

6　Y社は、Xと利害関係人組合に対して、解決金○万円を支払う。

7　Y社は、Z組合から団体交渉の申し入れがあった場合、これに誠実に応じる。

この和解は評価できるものだった。

第一に、早出残業の問題と深夜手当の問題については、解決金の支払いという形でXさんやZ組合の主張が認められ、さらに、今後、警備員は労働時間前に出社する早出残業をする義務のないことが明確にされた。

第二に、裁判当事者であるXさんにとどまらず、職場全体の賃金、労働時間、年次有給休暇に関わる合意を形成できた。労働組合は、会社の違法な取扱いを是正させるだけでなく、より良い労働環境を求めることも大事な仕事である。今回は、Z組合の頑張りもあり、裁判の和解でそれを獲得できた。裁判で問題になっているのは当該労働者だけであるということで、裁判上の和解において職場全体に関する取り決めが行われることはあまり例がない。その意味でこの和解は、職場の労働者全体に対する波及効果が明確に定められたという点に意義がある。

第三に、会社が、労働法遵守路線を明確に打ち出したことである。当たり前のことかもしれないが、Y社のこの姿勢は評価できる。

第四に、Z組合との誠実協議条項を入れることで、労働組合軽視があってはならないことを明確にしたことである。この事件は、団体交渉が行われているさなかに、Y社から「未払いの残業代が存在しないこと」の確認を求めるという形で裁判が始まった。こうした団体交渉中に裁判提起するような労働組合軽視を許すことはできないが、和解でその点を確認できたことも大きい。

労働組合は団結の力で職場の問題を解決できる大きな力を持っている。今回の事件は、会社がその力を恐れて(団体交渉を嫌がり)、裁判を起こしてきたのかもしれない。しかし、労働組合は、裁判になっても当事者となった労働者を全面的にサポートし、解決のためにともに闘ってくれる。そのことを証明することができた事件だ。

4　ホテルを営む株式会社

残業代を抑えるために会社が出退勤簿を改ざん

城戸美保子

500人の和食を1人で準備させる

今回登場する会社は、福岡を中心にホテルを営む株式会社である。ここで働いていた労働者のK氏からの相談を受けたのは、何年か前のことである。K氏の相談は、会社から勤務態度等について指導された事実が存在しないにもかかわらず、勤務態度不良を理由に突然給与を6万円も下げられ、賞与を支給しないとの文書を渡されたので退職したこと、退職するまで残業代も払われず、ほとんど休みなく長時間働かされてきたのでなんとかしてほしいというものだった。

K氏が勤めるホテルは、ビュッフェや婚礼等の特別に提供される料理や各種イベントなど、飲食部門を手広くやる一方、十分な調理スタッフを雇っていなかった。配膳《はいぜん》スタッフも足りないため、時には調理スタッフが配膳も行わざるを得なかったそうである。そのような状況であるため、調理スタッフ全員が本来の担当を超えて助け合いながら、恒常的に長時間労働しているとのことであった。

特にK氏は、ホテルで唯一の和食の料理人であり、ホテルで提供する和食の調理を一手に引き受けていたため、早いときは午前9時から遅いときは午後11時まで働き、繁忙期には連勤が当たり前とのことであった。

衛生面も疑問で、格安ビュッフェで採算をとるため、料理の使いまわしが横行。まともな休憩が取れないため、他の調理スタッフが勝手口の外にそのままの格好で喫煙に行き、手洗いや消毒をきちんとしないまま調理に戻ることも度々であった。そもそも、スタッフ用トイレも壊れたまま修理してもらえないので、調理場から離れた一般客用のトイレまで走らないといけなかったり、一般客用トイレの排水も故障しているため階下の宴会場にシミができており、調理スタッフの衛生管理を責められるような状態ではなかった。

K氏は、厳格な職場で下積みをした経験から上記のような不適切な状態が我慢できず、見かけたときは必ず注意をしていたそうだが、そのことで古参のスタッフに嫌われ、あるとき、ホテルの財産を流用し秩序を乱したなどとして減給された。出入りの業者から家庭用のラップを買ったことや食事の時間も取れないのでビュッフェの余り物で空腹をしのいだというのがその理由だった。

話を聞いて、まず一般客用のトイレの排水が故障し、労働者用のトイレも故障しているとなると、労働安全衛生法23条1項や旅館業に関する規制等への違反が疑われた。しかしK氏は、まだ多くの同僚が働いており、自分が相談した結果、営業停止等になるのは忍びないという。また、減給については明らかに違法であるものの、予告された日に退職しており、すでに就職先も決まって心機一転、頑張りたいので紛争をできるだけ長引かせたくないということだった。

ホテルの衛生状態を放置することに私はモヤモヤした感情を抱いたものの、K氏の言い分もわからないでもなく、弁護士には守秘義務があるので、粛々と残業代を回収することにした。

そもそもK氏は問題のホテルに転職するにあたり、家庭の事情から長時間勤務を避けたかった。そのため、知人から紹介されて会社に連絡した際も、所定労働時間が8時間で週休2日であることを確認し、面接の際もその旨をしっかり伝えたという。しかしふたを開けてみると、自分以外に和食の料理人がいないため、責任感の強いK氏は責任者が一方的に入れてくる予約に応じて働かざるを得なかった。

K氏によると、最大500人分の和食を1人で準備させられたこともあるという。市販だしを使うことなど考えられないK氏は、前述したように早いときは午前9時から遅いときは午後11時まで働き、休日もコース料理の準備のために出勤することもあった。

求人の際のみならず、面接のときも、労働基準法に則った労働時間を伝えながら、採用するやいなや所定労働時間を無視し、一方的に所定労働時間外の仕事を担当させる会社のやり方に、私はかなりの悪質さを感じ取った。

タイムカードがない会社

聞き取りを進めるうちに、会社にはタイムカードがなく、手書きの出退勤簿しか存在しないこと、出退勤簿は出勤の際に労働者が必ず立ち寄るロッカールームではなく、調理場横の事務室に掲示されていることがわかった。調理用の衣類に着替えた後の事業所内の移動が労働時間に含まれることは明らかである。長年残業代を一切支払ってこなかったにもかかわらず、出退勤前後の数分間ですら労働時間として換算しないための取り組みを予め《あらかじ》している会社の姿勢に呆《あき》れずにはいられない。

K氏は入社してすぐ、他の労働者から、何かあったときのために出退勤時刻をメモしておいたほうがいいとアドバイスされたとのことである。相談の際、K氏からは、アドバイスを受けてから毎日、出退勤時刻をメモするようになったと聞かされた。そのため、当初の想定より労働時間の立証は簡単かもしれないと期待した。

しかしK氏が後日持参した資料は、3か月分の出退勤簿のコピーと、ビニール袋いっぱいのメモだった。メモを整理してみないと証拠として使えるかどうかわからないため、一旦すべての資料を預かった。

その後、いくつかを取り出し目を通したが、そのほとんどが時刻のみが走り書きされた紙切れで、たまに時刻以外に筆で書かれた文字が存在するものの、結局何が書かれていたかまったくわからない程度のものにすぎなかった。忙しい合間に必死にその日の献立を手書きしていた和紙を切って、その切れ端に出退勤時刻を記載していたK氏の涙ぐましい努力に労働状況の過酷さが垣間《かいま》見える。すべてのメモを時間ごとに並べ、コピーして提出することも考えたが、各時刻が午前なのか午後なのかもわからないので見送った。どのメモがどの日の出退勤時刻かわからない以上、証拠として使うことは難しいので、一旦K氏にお返しすることにした。

後日、あらためてK氏に事務所に来てもらい、第三者にすぎない弁護士にはどのメモがいつの出退勤時刻かわからないことを丁寧に説明し、K氏自身が判断できるのであれば、ぜひ教えて欲しいとお願いした。一旦預かった資料を返されるとあって憮然《ぶぜん》とした表情を見せられたが、できないものを請け合うわけにはいかないので、辛抱強く説得し、大量のメモをお持ち帰りいただいた。

結局、K氏本人としても、走り書きした時刻のみでは記載した日の特定には至らなかったそうである。

メモも出退勤簿も使えず……予約表を手掛かりに

次に、K氏からは会社には出退勤簿があるはずなのでどうにかして手に入れて欲しいと要請された。しかし、料理人に過ぎないK氏は、辞めるまでの2年間の出退勤簿がどこに保管されているかは皆目見当もつかないとのこと。しかも、会社はホテルの他に事務所も持っているとのことであった。そのような状態では、費用と手間をかけても空振りに終わるリスクが高いため、そのことをじっくり説明し、今後の相手方とのやりとりを通じて労働時間を明らかにする方針についてご了承いただいた。

そこで、K氏の労働時間の主張を前提に残業代を推定した上で、会社に対し、残業代の支払いを請求する内容証明郵便を送った。残業代の推定に当たっては、K氏に日中の休憩時間に何回か事務所に来てもらい、各季節や曜日の繁忙をふまえ、出退勤時刻をなんとか聞き取った。

相手方代理人より、一旦は交渉にて解決したい旨の意向が示された。しかし結局、K氏は勤務態度が悪かったなどと事実無根の主張をされ、大幅な減額を要求されたため、交渉は決裂した。

会社の態度から、労働審判で成立する見込みは低いと確信したため、未払賃金を請求するため提訴した。

その後、残りの出退勤簿を提出するよう求めたが、会社側は保管していないなどと言って提出しようとしなかった。

K氏に他に出退勤時刻が明らかになるような資料が存在しないか尋ねたところ、予約表があると言われた。そこで予約表の提出を求めた。

裁判官からは、「予約表なんかで労働時間の再現は不可能ではないか」とたしなめられたが、出退勤簿が提出されない以上、予約表の開示を受けた上で再現するしかないと食い下がった。

その結果、被告から、やってみろと言わんばかりに、365日×2年間分＝730日分の予約表が開示された。裁判官や被告の予想通り、ぱっと見、第三者である弁護士にはK氏が、いつ、どれくらい働いたか正直よくわからない代物である。

そこでK氏に対し、予約表のコピーを渡し、出退勤時刻の傾向を教えて欲しいとお願いしたが、「自分にもはっきりしたことは言えない」という。「予約表によって出退勤時刻を明らかにする」と啖呵《たんか》を切った結果、大量の予約表に泣きそうになりながら、連日ひたすら予約表とにらめっこを続けた。すると、「継続は力なり」とはよく言ったもので、そのうちなんとなく法則性が見えてきた（なお、数年前の事件なので、いまやその法則性は再現できないが……）。

そして、疑問に思うところはK氏に事務所に来てもらい、矢継ぎ早に質問することによって、なんとか730日分の残業時間集計表を完成させた。

あらためて残業時間集計表を提出したところ、残業代が跳ね上がっていることに驚いたためか、被告から突然、2年分の出退勤簿が開示された。「保管していない」などと言って一旦提出を拒否しながら、いまさら堂々と出退勤簿を提出してきた会社側の対応に驚かずにはいられなかった。

泣きそうになりながら出退勤簿をめくった日々を思い出すと、裁判期日当日も、裁判官が現れるまでふつふつと怒りがたぎっていたと思う。が、被告のあまりに不誠実な対応にラウンドテーブルに現れた裁判官が一番切れていた。そのため、少し溜飲《りゅういん》を下げることができた。

裁判官からの電話

その後、残業時間集計表自身は完全再現とはいわないまでも、出退勤簿に記載された出退勤時刻とすべてが食い違っているわけではないことが確認された。また、本人が退職前にコピーしていた出退勤簿のおかげで、かえって会社側が出退勤簿を改ざんしていることを明らかにすることができた。

会社側は、改ざんなど存在しないと主張し、低額の和解にしか応じないと強弁した。

これに対し、準備書面で、

①使用者には労働者の実労働時間を把握する義務があること

②厚労省が労働時間の適正な把握・算定を呼びかける通達のなかで自己申告制は原則として認められないとされていること

③にもかかわらず、被告は、労働時間を恣意《しい》的に操作するために手書きの出退勤簿を利用し、原告又はその他の従業員に虚偽の時刻を記載させ、労働時間把握義務に反する行為を続けていたこと

④このような労働時間適正把握・算定義務違反は、労働者の労働時間の立証妨害となること

⑤そうである以上、会社側が、労働者が平均出勤時刻より遅く始業したことないし平均退勤時刻より早く終業したことを個別的に立証できない限り、各平均出退勤時刻を認定すべきである

と主張した。

その後、訴訟外で裁判官から電話をいただいた。

「先生のがんばりはわかるけど、この前の主張は厳しいよ。尋問で立証できると思っていらっしゃいますか」

私は一生懸命食い下がった。

「義務違反が立証責任の分担で救済されるのはおかしい。会社があくまでK氏の勤務態度不良を根拠に低額の和解を主張するのであれば、今後の尋問によって、むしろ、ホテルの衛生状態が悪かったことについても関連事実として明らかにせざるを得ない」

すると、裁判官からこう水を向けられた。

「自分は義務違反を根拠とする立証責任の転換（*）をした上での判決は出しません。とはいえ、被告の不誠実な訴訟態度を踏まえ、最大限の和解を提案し、自分の責任で説得するから和解しませんか」

悔しいが、依頼者の利益を最大化するのが弁護士である以上、主張にそった判決の見込みがないのであれば速やかに撤退せざるを得ない。

「くれぐれもお願いします」と言って、終話した。

その次の期日で、裁判官から約束通り、被告の不誠実な訴訟態度を踏まえ、このまま判決になるのであれば、付加金をつけざるを得ないので、和解したらどうかとの提案がなされたようである。会社側の代理人も最大限の抵抗を試みたようだが、証拠の現物を保有し改ざんしていることを誰よりも理解していたからか、はたまたホテルの衛生状態が悪いことを公開法廷で暴かれることを恐れたためか、最後は支払い時期を少し先に延ばすことで了解した。

会社側がなりふり構わない訴訟活動を展開してくることは多々ある。しかし、訴訟で争っているうちに、「なりふりを構っていない」からこそ、会社側の訴訟活動を全体として見たときに矛盾が生じてくる。それを発見し、指摘し、ひっくり返したときは労働弁護士としてのやりがいを感じる一場面である。本件はそういった事件の一つに当たるため、思い出深いものであった。

ちなみに問題のホテルは、数年後閉店したようである。当時から労働者の入れ替わりが激しいとのことだったので、労働市場の売り手市場化や最低賃金の上昇に耐えられなかったのかもしれない。労働弁護士としては、あの事件を機に「安かろう悪かろう」路線から、労働者と消費者の立場に立った経営方針に切り替えてくれれば、生き残れたのではないかと複雑な気持ちである。

＊　労働時間を立証する責任は労働者側にあるが、他方で、会社側には労働時間把握義務がある。そこで、労働時間把握義務違反がある場合、労働時間を立証する責任の転換をするのが公平ではないか、という考えが出てくる。これは、労働者の主張する時間が労働時間に該当しないことを会社側が立証する責任を負うことを意味する。そうしないと、労働時間把握義務を果たさない会社が得をする結果になる。しかし、そのような立証責任の転換は認められないことが一般的。

5　コンサルティング会社

残業代を支払わず「24時間働け」の二枚舌

上田裕

「1週間120時間働くこと」＝1日24時間×5日

これまで紹介されてきたブラック企業のブラックぶりが、あまりにも「トンデモ」なので、今回紹介する事件は、一見したところの破壊力に地味さがあるかもしれない。しかし、実態は殺人的に「ブラック」であるので、お読みいただきたい。

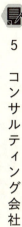

今回登場する会社は、東京・神奈川を中心に経営コンサルティング業を営む株式会社である。ここで働いていた労働者のS氏からの相談を受けたのは、2015年のことである。S氏の相談は、未払いの残業代があるのではないかというもので、ごく一般的な未払残業代請求の事件として受任するのではないかと思いながら話を伺った。

S氏の担当業務は、医療機関のコンサルティングで、近隣の医院のホームページの調査やSEO対策などの顧客分析、パンフレット作成、経営セミナーの準備等を行っていた。いずれの業務も、事前の調査や資料作成など、多くの時間を要するものばかりであり、会社の所定労働時間（契約で定められた通常の労働時間のこと）である8時間では到底終わる量ではなかった。

その上、研修として毎週4～5冊の指定書籍を読み込み、感想文を提出のうえ、試験をクリアすることが求められていた。会社が提出してきた資料によると、指定書籍を読むに当たっての最低所要時間というものがあって、それだけでも20～35時間となっていて、週の法定労働時間、つまり労働基準法で定められた労働時間の上限／週40時間の大半を消化してしまう。

労働時間に関する社長からの指示内容を、社内研修の講話や業務報告に対するコメントで見ることができたのだが、そこには「人の3倍の仕事量に取り組むこと」「1週間120時間働くこと」という指示があった。

⁉　これだけでは、言っている意味がすぐには分からない……。

そこで、この指示の内容を考えてみたい。

会社には就業規則があり、そこには「土曜日、日曜日が休日」と規定されていることから、S氏の勤務は月曜日～金曜日の週5日勤務であることがわかる。月曜日～金曜日の5日間が全部で何時間かというと、24時間（月）＋24時間（火）＋24時間（水）＋24時間（木）＋24時間（金）＝120時間である。つまり、毎日24時間働けと言っていたわけである。そして、会社の1日の所定労働時間は8時間とされており、「3倍の仕事量」をかけ算として考えれば、これもまた24時間となり、社長の2つの指示は整合している。

ちなみに、労働基準法では特別な手続を経ない限り、1日8時間、週40時間を超えて働かせてはいけないとされている。

昭和の終わりから平成の初め頃に、テレビCMで「24時間たたかーえますか？　ビジネスマーン♪　ビジネスマーン♪」と宣伝していたのをうっかり思い出してしまうのは私だけだろうか。

S氏は、それでも社長の期待に応えるべく一生懸命仕事を頑張り、約5か月間、懸命に働いた。S氏が保管していた業務日誌に記載されていた始業・終業時間をもとに、S氏の残業時間を計算すると、なんと毎月200時間超。過労死ラインの倍以上の労働時間である。

これによって、S氏は体調を崩して退職するにいたり、私のところに相談に来た次第である。個人的な感想を言えば、労災事件に発展する前に辞めることができて、そして何よりも命が助かって良かったというレベルである。

自主的な研修なので残業ではない

会社は、これだけ仕事をしろと言っているのだから、それなりの残業代は支払っているのだろうと思いきや、「指示した仕事は全て所定労働時間で終わる仕事なので、残りの時間は自主的な研修とでも言いましょうか……だから残業ではない」とのことで、未払いの残業代など1円たりとも発生していないとのことであった。これを労働基準監督署にも説明しているのだから筋金入りである。

一方で、社長が主催する経営セミナーでは、「労働者に対し、残業代を支払わないという経営はあり得ない」と力説しているから素晴らしい。つまり、完全に二枚舌であり、俗に言う確信犯である。対外的にはあり得ない経営として紹介していることを、自らの会社では平然と実行しているのである。

訴訟では、会社に弁護士がついたが、さすがに「人の3倍働け！」「週120時間働け！」と指示したとは言えなかったのだろう。

「それくらいの気概をもって取り組んでほしいという叱咤《しった》激励」に過ぎないと苦しい説明に追われていた。

そして、次のように主張を展開した。

①毎週、感想文の提出や試験を課されていた研修は「本人が自主的にやっていたことだから、労働時間ではない」

②業務日誌に記載されている始業・終業の時間は労働時間ではない（記載を求めていなかったので知らない。でも訂正もしていない）
③残業代についても、職能手当という手当が残業代だから未払いはない（でも、就業規則には「職能に対する対価として支給する」と書いてある）

裁判所も、会社の主張を採用する様子は見られず、弁護士と同行していた会社担当者に質問を浴びせていた。例えば以下のとおりである（不正確な点も多いと思われるがご容赦いただきたい）。

裁判所　日誌に書かれている時間が勤務時間ではないとすると、会社は何をもとに労働時間を把握していたのですか？
担当者　……
裁判所　原告さんの仕事はどんな内容ですか？
担当者　会議以外はすべて研修・勉強ですので……
裁判所　勉強っていっても指示しているんですよね。
担当者　予定時間内で終わるものですから……

裁判所　かかる時間に個人差があるでしょう。
担当者　一般的には終わりますから……

実質2回目の期日からは、残業代をいくら支払うのかという方向で話が進んでいった。詳しい内容は公表できないが、それなりの水準で和解した。S氏は、退職後もコンサル業界に身を置いているようであるが、元気にしているだろうか。一方で、会社はHPを見る限り、現存している。次なる犠牲者がでないことを祈るばかりである。

6　とある会社

残業代請求に対して次々飛び出すめちゃくちゃな主張

金子直樹

残業代請求は権利の濫用？

ここまでもビックリな会社の主張が紹介されてきたが、私からはいわば「高度プロフェッショナル制度」の先取りともいうべき仰天な会社の主張や社長の弁などを取り上げたいと思う。

それは某残業代請求事件での出来事であった。会社側の主張の第1は、「そんな大変な労働じゃないんだぜ」というものだ。まあ、これは想定されなくもない反論だろう。

ふむふむ、と読み進めると、第2の主張は「業界的に歩合給には割増賃金も含まれてるんだぜ。歩合給に残業代を含むという契約上の根拠は全くないし、会社から説明もしていないけど、長くこの業界で仕事をしてきた原告なら分かるだろ」（みなし残業代的な主張）というものだ。「説明すらしていないのに残業代含むんだ」という主張は初めてだった。

そして、第3の主張……目を疑った。「権利の濫用」と書いてあるではないか。

それによると、基本給として最低保証給を払い、かつ歩合手当も含めると、それはそれは大層な金額を支払っているのだから、原告の残業代請求は「権利の濫用」に当たるというものだった。

「給料が高ければ、一切の残業代・休日手当を支払う必要はない。労働者が請求したとしても、それは権利の濫用で許されない」のだそうだ。正に「高度プロフェッショナル制度」ではないか！

ちなみに、原告の方の収入は、年間１０７５万円もなかった。まだ国会での議論すらされていなかった「高度プロフェッショナル制度」を先取りし、その要件以上の主張をしてくるとは、非常に先進的な主張だと思えないだろうか？

労働基準法は労働時間を定め、原則として刑事罰をもって残業を禁止している。36協定の締結によって、例外的に適法化されているが、それでも割増賃金を支払わなければならない。

その趣旨は、労働者にとって長時間にわたる労働は大きな肉体的・精神的な負担を強いることになるので、割増賃金の支払義務という「ペナルティ」を課すことによって、これを抑止しようとするところにこそある。当然のことながら、残業代を払えば働かせていいというものではない。

「高度プロフェッショナル制度」に関しても同じことがいえるが、「高い賃金を払っていれば、労働者をいくらでも残業させていい、深夜・早朝・休日に働かせてもいい、その場合にも、高い賃金をもらっているんだから残業代なんか支払わない」ということが許されてしまえば、労働者の安全・健康を守るためのはずの労働基準法や労働安全衛生法が、かえって労働者の安全・健康を損なうことになってしまう。到底許されるものではない。

なお、この他にも突っ込みどころのある主張をしてくる例は、特に残業代請求の事件で後を絶たない。

ある事件の会社代表者の弁では、定年まで全うせず自分から辞めていったくせに、働いていたときは残業代請求をせず、退職後に残業代を請求するような労働者は（それをサポートする代理人弁護士も含めて）、精神的におかしいのだそうである。本来労働者が残業代の支払いを会社に請求しなければならないこと自体おかしいが、きっとこの会社は、働いていたときであれば、残業代請求すれば直ちに支払ってくれる「ホワイト企業」なのだろう。

またある事件では、こちらから残業代請求をしたら、もともと支払った残業代が多すぎたのだから、不当利得に当たるから逆に返還しろといってきた。給与明細上も残業時間等が記載されていたが、それは会社の計算の誤りだったという主張である。賃金請求権の時効は2年、不当利得返還請求権の時効は10年であるから、これを意図的に会社がやっていたのであれば、法の網をかいくぐった頭脳的な主張といえるかもしれない。

残業代にまつわるエクストリームな解釈

また、凄絶な誤解をしている社長さんもいらっしゃる。その例を2つ紹介しよう。

1つめ――。

「うちは36協定をきちんと結んでいるから、そこで定めた上限いっぱいまでなら、残業代を払わなくても残業させていいのだ!!」

おわかりのことと思うが、上記のとおり、36協定の効果はそこで定めた上限まで残業等をさせても、刑事罰を科されないという免罰効であって、残業代を払わなくていいという民事効は生じない。

2つめ――。

「労働者が、自ら残業させて欲しい、土曜も日曜も働きたいと言っているのだから、これは残『奉仕』（もしくは歩合給稼ぎのための請負）であって、残『業』ではない!!」

これもおわかりのことと思うが、労働と奉仕活動・ボランティアとは違う。法的には、使用者の指揮命令に従って労働者が労務を提供している以上、賃金が支払われるべき労働時間になる。

指揮命令の有無は実質的に判断され、使用者側が直接残業を命じていなくても、残業している実態を黙認していれば、それは使用者の指揮命令下の時間、すなわち労働時間に当たるということになる。「サービス残業」というものは許されない。まあ、労働者の方でも進んで会社にサービスするつもりのサービス残業なんてあり得ないと思われるが……。

ちなみに、売上等に応じて支払われる、いわゆる歩合給・請負給の定めがあったとしても、歩合給部分について残業代を支払わなくていいというわけではない。時間単価の計算が、所定労働時間ではなく総労働時間に基づくという違いだけである。

以上のとおり、法律の枠組に関する理解不足（曲解・牽強付会《けんきょうふかい》を含む）から、法律家が参加した事件においてですら、ビックリ仰天な主張がされていることからすると、実際の労働実態はもっとすさまじいものがあるのではないか。本書の第五章６（２２６ページ）によると、「うちは法定休日ないから」という弁護士がいたようである。

いまこそ、労働者のみならず、使用者に対しても「ワークルール」を学ぶ機会を与える、「ワークルール教育」の実践が必要なのではないか。ワークルール教育を国や行政、事業主の責任で実践する、ワークルール教育推進法の早期成立を祈念して、私からの報告とする。

7 美容院

平日に休んだ定休日はすべて有給休暇？

皆川洋美

休憩時間も休憩スペースもない職場

「有休与えてますよ！　週に1回！」
「36協定って何ですか。そんなのありませんよ」

予想の斜め上どころではない。二次元の話をしていたと思ったらここは四次元だった、みたいな話である。

依頼者は20代の女性美容師。12月に連勤の末、最終日に転んで腕を骨折したところ、勤めていた美容室から「もう来なくていい」と言われ、「自己都合退職で間違いない」という内容の書面に署名捺印させられ、事実上の解雇を撤回することを求めるも美容室からは一顧だにされず、どうしたらいいのか分からない、という状況で相談に来られた。

開店時間は午前9時、ラストオーダー時間は午後7時で、閉店時間は午後8時というその美容室。週に1回火曜日が定休日で、それ以外の日はすべての美容師が基本的に毎日出勤だった。加えて、美容室に特有の問題として、アシスタントの練習時間というものがあった。美容師には、学校を卒業したての新米美容師、アシスタントの時期と、自分で顧客の髪をデザインしたり切ったりするスタイリストの段階がある。アシスタントのうちは、先輩スタイリストの顧客について、シャンプーしたり、ドライヤーで髪を乾かしたり……といった補助の作業を行い、数年の修業を経てスタイリストになる。

修業の期間中、閉店後にマネキンや同僚の髪の毛を使って、シャンプーの技術やカット、パーマなどの技術練習を行うのが一般的なのだそうだ。国家試験を合格したからといって、技術やセンスが最初からあるわけではないから、それはそれでやむを得ないことだ、と彼女は語った。これが労働時間にあたるか、という別の問題はさておき、依頼者はもうスタイリストだったので、閉店後はもっぱら後輩の指導にあたっており、これは業務命令だった。

また、この会社のブラックなところは、いわゆる「お休み」がまったくない、というところにもあった。まず、休憩時間がない。休憩スペースとされているのは机も冷暖房もないロッカールーム。顧客がいない時間帯に休むことも許されない。そして、休暇がとれない。「取らせてるでしょ！」と代表者の妻に言われたらしいが、依頼者は有給休暇をとれた記憶がないのだと言う。

平日の定休日は有給休暇

私は、彼女の代理人として、解雇の無効と未払いの残業代等の請求を行う訴訟を提起した。解雇については、「自己都合退職で間違いない」という内容の書面を取られていたため、正直旗色が悪かったが、時間外労働については勝訴が明らかだった。

しかし、会社は時間外労働の存在について、「否認する」のではなく、あくまで「争う」のであった。「否認する」というのであればわかる。事実を否定することなので、「そんなに働かせていない」「それは勝手に休まなかっただけだ」などなど、よくある話である。しかし、この会社は違った。「争う」のである。働かせていたという事実は認めたうえで、「それは時間外労働ではない」と主張してきたのである。

私にとっては本当に理解不能で、期日のたびに、「自分の労働基準法の知識は何か間違えているのだろうか」と不安にもなった。

会社元代表者に対する尋問で明らかになった実態と、前提となる彼らの労働基準法の理解は以下のようなものだ。なお、「元」代表者としているのにも理由がある。この会社は、訴訟を起こされるや、会社を清算しており、依頼者が働いていた当時の代表者は「元」代表者であり、「現」清算人だったのである。

尋問で明らかになったことではあるが、まったく同じ場所で、同じ名前の美容室を、同じ従業員を同じ条件で雇い続けており、この訴訟のためだけの清算であることも明らかだった。

「有休与えてますよ！　週に1回！」

定休日に休ませることは有給休暇の取得に当たる。らしい。

「36協定って何ですか。そんなのありませんよ」

36協定は結んでいない。むしろそんなものの存在は知らない。朝9時から夜8時までが所定労働時間なので、それを超えない限りは時間外労働ではない。らしい。

私は気分良く反対尋問をキメたものの、会社元代表者は何をしゃべったのかまったく自覚がない様子だったので若干、爽快《そうかい》度が低かったということは、依頼者には秘密である。

裁判官に書面作成を頼まれる

この尋問で明らかになった上記2点について解説をしてみることにする。

まずは有給休暇の取得について。元代表者は平日に休ませていればそれは全部有給休暇だと解釈していたようだ。

美容師の休みについて、読者の皆さんも振り返ってみてほしい。年中無休というところも多いが、その美容室がある北海道では毎週火曜日が定休日だという美容室が一般的である。

一般民間会社だと、土日が公休というところも多いかもしれないが、労働基準法の基本形でいえば、週に1回あるいは4週間に4回が休日であればよく、これはカレンダーには縛られない。美容室が土日に開いていないと、土日が休みの一般民間会社のお客さんを取り逃してしまうから土日は開けて、いわゆる平日に公休を持ってきているのだろう。

なお、今回の記事を書くにあたって、美容室の定休日について調べてみたところ、月曜日定休の地域と火曜日定休の地域があった。いずれにしても、定休日には店を開けていないのだから、その日に有給休暇を取得させているから有休が残っていないなどというのは無茶苦茶な話である。

次に、時間外労働について。まず、本当に言わずもがなだが、時間外労働をさせるためには、労働基準法36条に定める労使協定を締結して、届け出をしなければならない。これがなければ刑事処分がありうる。これを、裁判官の面前で、さも当然のように「そんなのありませんよ」と話したのである。

時間外労働というのは、所定労働時間を超えた場合に所定時間外労働（割増なし賃金の支払いがなされる）、1日8時間を超え、あるいは週40時間を超えた場合に、法定時間外労働（0・25倍以上の割増賃金の支払いが追加でなされる）となる。つまり、所定労働時間を超えていようがいまいが、労働時間が1日8時間を超えあるいは週40時間を超えれば、残業代は文句なしに発生する。

げに恐ろしきは、時間外労働に対する会社と会社側代理人の無知である。「所定労働時間を超えた労働時間〝だけ〟が時間外労働時間である」と言い張るのである。この主張が誤りであることについて、私は労働基準法の教科書みたいな準備書面を書く羽目になった。

というのも、この尋問結果を踏まえての和解期日において、裁判官が元代表者と代理人を説得するために、「これ……きちんと説明する準備書面書いてくれませんか……」と、私に頼んできたのである。

労働基準法を知らない会社は本当にある

所定労働時間を超えなければ時間外労働ではないとすれば、ちょいと頭の回る経営者であれば、所定労働時間は月間744時間！　と設定するだろう。24時間×31日間で744時間。これで時間外労働が発生する余地はないことになる。

もちろん、そんなわけはない。だがしかし、このことをわかりやすく説明しようとすると大変迂遠《うえん》になる。あまりに当たり前すぎて、明示した判例も見つけられない。私はこの準備書面の作成のために労働基準法に関する条文解説本を何冊も購入し、大変説得的な準備書面を作成した、と自負している。

そのおかげか、第一審判決では、解雇無効については認められなかったが、時間外労働についてはこちら側の主張が全面的に容《い》れられた。付加金の支払いも認められ、こちらが控訴する必要はないと依頼者も言ってくれた。

しかし、会社は控訴した。曰く、「所定労働時間を超えた時間のみが時間外労働であるという被告の主張を容れない原審が誤りである！」。

私ごときの準備書面では、会社は説得されてくれなかったらしい。とはいえ、控訴審裁判所も、第一審裁判所と同様、元代表者と代理人を説得し、第1回期日から和解協議が始まった。だったらなんで控訴するんだ……と私が思うくらいなので、依頼者が単なる金銭解決で納得するわけもない。そのため、金銭面では分割には応じるものの基本的に減額には応じず、会社が労働基準法に違反していたことを認め、深く反省する旨の文言を挿入することを求め、会社がこれに応じたので無事、和解成立となった。

この件で私が教訓としたこととしては、労働基準法を知らない会社というのは、本当にあるのだ、ということである。知らないことにしていたり意地になったりしているのではなく本当に知らないとこうなるのだ。

それと同時に、人間、何がきっかけで人生が変わるか分からないということである。これをきっかけに、この依頼者は、美容師ユニオンの結成を目標にした活動のほか、新聞の取材に応じるなど、労働問題に取り組む美容師となっている。

第四章

去る者許さず――退職妨害

1　防音設備の取り付け会社

退職の意思を示したら支払い拒否プラス損害賠償が

明石順平

相手方弁護士が治外法権？を主張

巷《ちまた》で退職代行業者がブームになっている。そこで、退職に関して私が担当した事件について紹介する。

依頼人が勤務する会社は防音設備の取り付けなどを業とする零細企業であり、依頼人は当初、事務として採用された。しかし、従業員は、正社員である依頼人の他はパートが2名しかおらず、なし崩し的になぜか工事現場での取り付け工事をはじめ、あらゆる業務をさせられるようになってしまった。

そして、会社は残業代の算定基礎時給を一方的に1000円と定め、その金額で計算した残業代しか払わなかった。労働基準法の定めに従って計算し直すと、依頼人の残業代算定基礎時給は1400円～1500円程度となり、合計すると優に100万円を超える残業代が未払いとなっていた。

正社員が1人しかいないため、辞めると言っても社長は辞めさせてくれない。思い悩んだ依頼人は、労働ホットラインに電話をかけ、その日の担当だった私に依頼することになった。なお、労働ホットラインとは、日本労働弁護団が実施する無料の労働相談であり、各地の労働弁護団で毎週開催している。詳しくは労働弁護団のウェブサイトをご覧いただきたい(https://roudou-bengodan.org/hotline/)。私もホットライン経由で何件も事件を受けている。

依頼人は、入社してから4年6か月以上経過していたので、30日分の有給休暇を取得する権利を有していた（労働基準法39条1項2項）。有給休暇の時効は2年であるから、2年分の有給休暇を合算して取得することができる。勤続3年半で14日、4年半で16日取得できるので、合計で30日ということである。有給休暇の一覧表は下記厚労省資料を参照されたい(https://www.mhlw.go.jp/new-info/kobetu/roudou/gyousei/dl/140811-3.pdf)。

依頼人と相談した結果、有給休暇をすべて消化した上、残業代を請求することになった。私は会社に対し、内容証明郵便で、残業代の支払いを要求すると共に、有給休暇の取得を通知した。

その後、すぐに社長から連絡があり、支払う方向で考えていることを告げられた。また、社長の家族等が依頼人の家に行ったりしていたのだが、それも今後しないとのことであった。しばらくして、会社側に弁護士がついたが、支払うという方針は変わらなかった。ただ、この弁護士、とても妙な主張をしたので非常に驚いた。

「この会社は法定休日が無いんですよ！　だから休日割増しはありません！」

そう言うのである。日本の法律が適用されないという主張なのだから、治外法権の抗弁とでも名付ければ適当であろうか。

「いやいや、労働基準法で決まっているんですから、適用されないなんてあり得ないんですよ」

私がそう伝えたところ、理解していただいた。

弁護士でもこのように誤った知識を持っている場合が往々にしてあるので、油断してはならない。特に会社側の代理人は、わざといい加減なことをいう者もいるので要注意である。

交渉の結果、結局こちらの要求額に近い額で和解ができた。最初から弁護士を入れていたのでスムーズに事が進んだと言えるだろう。正社員が1人しかいないのだから、依頼人だけで交渉していた場合、これほど速やかな解決は不可能だったと思われる。

退職代行業者は会社側と交渉できない

ところで、本件では主張されなかったが、退職時の有給休暇の取得に対し、会社側が時季変更権を主張して妨害する可能性がある。時季変更権とは、事業の正常な運営を妨げる場合において、使用者が従業員の有休取得の時季を変更できる権利である（労働基準法39条5項）。だが、退職する予定の者に対しては、この変更権は使えないとされている（昭和49〔1974〕年1月11日基収5554号の2）。なぜなら、退職する予定の者に対しては、時季を変更して他の日に休暇を与えることが不可能だからである。したがって、会社が時季変更権を主張しても無視してよい。

また、退職したら損害賠償を請求すると脅すケースもよくある。わざと会社に損害を与えたような例外的な場合を除き、退職することで損害賠償責任が発生することは無いと考えてよい。労働者には職業選択の自由が憲法上保障されており（憲法22条1項）、無期契約の場合は原則として解約の申入れから2週間を経過すれば雇用契約は終了する（民法627条1項）。このように労働者側に退職の自由を認める法制度になっている以上、経営者は労働者が辞めても事業が回るような人員を確保しておかなければならない。労働者が辞めて会社に損害が出るとすれば、それは経営者が悪いのであり、何ら労働者に法的責任は発生しない。

なお、このほかにも、離職手続に協力しない、嫌がらせのために懲戒解雇にする、など、退職時に法的トラブルが発生することはよくある。

昨今、弁護士でない者による退職代行が流行っているが、退職代行業者ではこのようなトラブルが発生しても対応できない。彼らはただ単に退職の意思を伝えることしかできないからである。

もし退職代行業者が、退職の意思を伝えることを超えて本人の代わりに会社と何か交渉してしまった場合、弁護士法72条違反となる。その罰則は2年以下の懲役又は３００万円以下の罰金である（同法77条3号）。我々から見ると、かなりすれすれのビジネスをしているように見える。

退職したいけど簡単にやめられそうにない場合、まずは弁護士に相談してみるのがベストである。紛争が発生しても対応できるし、残業代を取れる可能性もあるからである。前述の労働ホットラインの他、当ブラック企業被害対策弁護団でも下記のページで退職に関する相談を受け付けている。気軽に利用していただきたい。

http://black-taisaku-bengodan.jp/taisyoku/

2　広告代理店

辞めさせないために損害賠償で脅す会社

前田牧

「辞めます」と言って14日経てば退職になる

「辞めますと言ったのに、辞めさせてもらえない」

こんな相談が最近とても多い印象だ。

法律上は、労働者が退職の意思表示をしてから14日で退職の効果が生じることになっているので、会社や上司がなんと言おうが、「辞めます」と言って14日経てば退職したことになる。なので、実は15日目から出社しなければいいだけなのだが、最近はそう単純ではないケースが増えている。「辞めたらお金を請求する」と言って労働者をビビらせて退職を思いとどまらせようとする会社があるのだ。

Aさんは広告代理店勤務のデザイナーだった。連日の残業で体調を壊し、医師から休職の指示を受けた。

そこでAさんは会社に退職を申し出たのだが、会社は体調を崩しているというAさんの言

葉を信用しなかった。そして、

・後任社員が採用されるまで、理由の如何《いかん》にかかわらず出社拒否などせず通常業務に従事すること

・後任社員が採用された後に引き継ぎをおこなって、会社と協議・合意の上で退職日時を確定すること

・違反した場合は、後任社員の募集広告費や募集・採用に費やされた役員の経費、新入社員の研修・人材育成に費やされた経費、Aさんが退職することによって失った利益などについて、損害賠償を請求されても異議を述べない

といった条項の入った退職合意書をつくって、Aさんにサインさせた。

しかし後任社員に引き継ぎが終わってからの退職といっても、その後任者はこれから募集するので、いったいいつ見つかるのかわからない。これではいつ退職できるのかまったく予測できない。しかも引き継ぎが終わる前に退職や休職をしたら多額の損害賠償を請求されることになるというトンデモない内容である。

「退職したら損害賠償請求」の脅し

こういった条項は、労働者の退職を経済的に足止めするもので、労働基準法5条違反となり法律的には無効である。それ以前に、そもそも病気でも休暇を取れないという意味であれば（そういう風にしか読めないが）公序良俗違反で無効である。つまり、守らなくてもいい条項ということだ。

しかし、そういった知識のないAさんは「退職できない」「休むこともできない」と悩んで弁護士のもとを訪れた。

その後、Aさんは弁護士のアドバイスにより休職、退職をしたのだが、なんと会社は、さきの退職合意書に違反しているといって約355万円もの損害賠償請求をしてきた。

会社でAさんはホームページ制作などを担当していたのだが、会社は、Aさんが担当業務を完成させないまま退職したので、それらを外注しなければいけなくなったと言って、その外注費を請求してきたのだ。

しかし、もともと労働者と会社との労働契約には、「完成させるまで働かなくてはならない義務」はない。ここが業務委託や下請けと違うところだ。労働者は、1日1日指示通りに業務をおこなえばよいのであって、完成途中で退職しても構わないのである。どうもこの会社は、労働契約と業務委託の区別がついていなかったようだ。そういえばAさんに対する残業代も支払われていなかったが、そのあたりも、労働契約と業務委託が区別できていないことの表れだったのかもしれない。

会社は裁判を起こし、Aさんに損害賠償を請求してきた。Aさんも私も、ここで私たちが負けてしまっては、退職しようとする人に会社が損害賠償を請求できるという実績をつくってしまうことになるので、絶対に勝たなければならないという気概で頑張った。

途中、裁判所が「多少払って和解しては？」と言ってきたこともあったが、「そんなことをして、退職者に対する損害賠償請求が通ったという歴史をつくるわけにはいきません！」と拒否し続けた。

「退職する自由」は強く保障されている

裁判は控訴審まで続いたが、一審も控訴審も会社の損害賠償請求を認めなかった。逆に、Aさんのほうから残業代請求をして、付加金（賃金未払いに対する一種の罰金のようなもの）も100%認められたので、Aさんの大勝利で終わったと言っていい。

退職は、労働者の一方的な意思表示により効力が発生するので、会社の承認は必要ない。

民法では期間の定めのない雇用契約については、解約の申入れ後、2週間（但し、月給制の場合は、当該賃金計算期間の前半に申入れが必要）で終了することとなっているので、会社の同意がなければ退職できないというものではないのだ。

　会社によっては就業規則で「労働者は3か月前に退職を申し出なければならない」などと定められている場合もあるが、こういった規則でさえ、裁判では、不当に労働者を拘束するものとして無効とされる場合もある。

　また、退職しようとする人への経済的な足止め策を講じることも禁じられている。

　このように、労働者の「退職する自由」は実は強く保障されているのである。

　その昔、日本では「年季奉公」という制度があり、10年、20年といった長い年月、辞めることができずに過酷な環境でも働き続けなければならなかった。日本以外でも、強制労働の例は枚挙に遑《いとま》がない。こういった強制労働から労働者を守るために、「退職の自由」が保障されているのである。

　辞めたいのに辞めさせてもらえないというアナタにもう一度言う。辞めたければ辞めていいのだ。

3　財閥系企業のシステム会社

「退職するなら給料返せ」——労基法違反の主張を堂々と

増田崇

弁護士からの手紙に速攻で訴えを取り下げた会社

Aさんは100年以上の歴史ある財閥系企業のシステム部門を独立させた子会社に長年勤務していたが、いろいろ考えるところがあり、退職することにした。

そうしたところ、会社の人事から、辞めるなら金を返せと繰り返し言われるようになった。Aさんの会社では、賃貸住宅に居住している人に住宅手当が支給されているのであるが、家を買った社員にも購入後3年間限定で住宅手当が支給されていた。それを返せというのである。

給料の一部としてもらったものを返さなきゃいけないなんて無茶苦茶だとAさんは思ったのだが、会社の主張する就業規則を確認すると、確かに受給後一定期間内に退職すると持ち家の社員への住宅手当は返還しなければならないと記載されていた。

納得できないAさんは返還を拒んでいた。退職の日が過ぎ、何度か催促の書面も来ていたのだが、無視していた。しかし、退職して1か月ほどしたのちに、簡易裁判所から訴状が届いてしまった。

驚いたAさんはネットなどで見つけた複数の弁護士に相談したが、どの弁護士も就業規則に書かれているから支払う必要があるのではないかとの助言であったという。Aさんは自分の考えに自信を無くしかけていたが、最後の望みをということで、私も所属している労働事件の電話相談をしている弁護士の団体（日本労働弁護団東京支部）に電話して、たまたま電話を取ったのが私だった。

「退職の自由」を違約金で制限するのは、戦前の遊郭の人身売買と同じだ！

Aさんの話を聞いて、会社側の弁護士に送り付けた文章がこれである。

拝啓　時下益々《ますます》ご清祥の段、お慶《よろこ》び申し上げます。

当職は、貴職が原告代理人をしている東京簡易裁判所平成2○年（ハ）第○号○○補助金返還請求事件（以下「本件」という。）の被告○の代理人となったものです。

本件は、退職を条件としてペナルティを定めたものであり、退職の自由に対する不当な制限であるとともに、労働基準法16条に違反するものです。

○という古い歴史を有する著名な大企業のグループ企業に属する貴社がこのような刑

罰法規に違反する行為を公然と行っていることは憤りに耐えません。
速やかに、請求を放棄するよう強く勧告いたします。２週間以内に請求の放棄等がされない場合には、刑事的な手続はもちろんのこと、広く社会にことの是非を問うつもりですので、ご承知おき下さい。
なお、当職は昨年12月にも労働基準法16条違反で告訴と記者会見をし、報道されていますので、慎重に検討されるよう申し添えます。

我ながら、私の高い品性と丁寧で気弱な性格がにじみ出た文書ではあるが、会社は速攻で訴えを取り下げてきたため、事件は終了となった。

遅刻や退職などへのペナルティは禁止されている！

最近、労働相談をしていてよく目にする相談が、退職を申し出るとミスによる損害などで会社が負担していた金額を請求するとか、研修の費用を返せなどと言って、退職を妨害するというものである。
退職の自由を違約金で制限するというのは、戦前の遊郭で契約という名目で罰金や借金の利息、営業費用の負担など様々な名目で借金漬けにして事実上人身売買が横行していたように、「人身の自由」侵害の温床といっていい行為である。

そのため、労働基準法16条は雇用契約に際して、遅刻や退職など一定の行為をした場合に、遅刻1回罰金5000円などといったペナルティを定める行為を禁止している。仮に契約書や就業規則でそのような規定を設けても無効となるとしているだけでなく、労働基準法は16条違反に対して刑罰規定まで設けている。

通常の民事上の権利は当事者間で話し合いがつかなければ自ら証拠を揃えて裁判を提起して判決をもらって初めて強制できるが、労働基準法違反については手厚い保護を行っている。警察署と同じように国家の予算で運営している労基署が、自らの判断で調査して逮捕してくれることもあるのだ（労基署の人員不足の関係で指導して済ませることが多く、刑事処分まですることは滅多にないが）。

従って、雇用契約書や就業規則に、退職に際してペナルティを支払う旨の定めがあったとしても、このような契約はほとんどの場合無効となるし、下手すると刑事罰を受けることだってある違法行為である。

もっとも、実際に生じた損害、例えば事故を起こして車の修理費用として10万円を支出した場合に損害を請求することは、労基法16条違反にはならない。これは実際に損害が生じた具体的な内容を裁判所に認めてもらう必要があり、あらかじめ定められた金額を請求するわけではないからである。

しかし、事業を行う上でリスクがあるのは当然で、会社にとって事業を行う上で生じる損害の発生は事前に予想し、そのようなリスクを見越して代金を高めに見積もったり保険に加入したりできる。そのため、労働者が故意に横領したとかそういう事案は別として、労働者のミスで生じた損害については労働者個人に請求できる金額は損害全体のごく一部に制限するのがほとんどの裁判例である。また、重過失がない限り請求を認めないとするなど、請求全額を認めないことも多い。

これまでは、会社は損害賠償をすると脅すだけで、あえて手間暇をかけて訴訟まではせず、無視していればそのうち何も言わなくなることがほとんどであった。しかし、大企業のグループ会社がこのような労基法違反の主張を裁判手続上で堂々と行うことに驚愕《きょうがく》している。

また、Aさんの相談に通常の契約関係についてしか考えが及ばない弁護士や違法な請求を堂々と行う使用者側の弁護士がいることに暗澹《あんたん》たる気持ちである。ちなみに使用者側での労働事件の専門家として著書もあるような人だったのだが……。

ブラ弁や前記の日本労働弁護団所属の弁護士は情報交換もして研鑽《けんさん》を積んでいるので、広告ばかりやっているような事務所よりも、比較的質が保たれているので、おすすめである。

4　掃除機メーカー、人材派遣会社

営業成績が伸びない新入社員を無理やり丸刈りに

星野圭

ブラック企業の社長のタイプ

社長にはいろんなタイプの人がいる。これはごく当たり前のことで、社長という部分を何に置き換えても構わない。ところが、ブラック企業の社長となると、この当たり前のことが通用しなくなる。

ブラック企業相手の紛争に取り組んでいて感じることだが、ブラック企業の社長（店長等の事業所の責任者である場合もある）は、実はそれほどいろんなタイプがいない。本書の第一章2（20ページ）でも紹介されたが、ブラック企業の社長のタイプは、生粋のブラックタイプ、万能ワンマンタイプ、無知タイプの3つしかいないと言っても過言ではない。

ブラック企業の事案に遭遇するたびに、どこかで聞いたことがあるような社長の言葉があり、どこかで見たことがあるような会社側の労働者への仕打ちがある。他の弁護士の担当事件でも、聞いたことがあるような話で、同じ会社？　と思うことがよくあるほどである。

ブラック企業の世界では、法的には当たり前のことが通用しなくなる。あなたの会社では、当たり前のことがきちんと通用しているだろうか。

ブラック企業には関わらないのが一番。とはいえ、現実の世界はそう簡単ではない。ブラック企業と知って好き好んで入社するわけではなく、入社してみたらブラック企業だったというのが現実であり、一度入社すると様々な理由から辞めにくいというのもまた現実である。現実は悩ましいものであるが、とはいえ本書を通して「ブラック企業相手でも対策はある！」ということを、ぜひ知っておいてほしい。

まずは、無知タイプの事例を一つ。

Aさんは、掃除機メーカーの販売営業マン。大学の新卒で入社し、まだ1年目の若手だった。勤務先は支店長をトップとして上下関係に厳しく、Aさんは支店長代理から「お前は一番下っ端なんだから、先輩より遅く出社してくるのはおかしいだろ」と指示されて、朝一番に出社するようにしていた。早朝の出社から夜11時頃まで外部営業や会社での作業をし、帰宅後にも資料や日報等の作成を行う日々だった。もちろん残業代はないが、誰も文句は言わない。あれ？　労働者の労働時間って、雇用契約や労働基準法（32条等）で制限されているはずだが……。ただし、新卒のAさんは、「そんなものか」と思うだけで、それほど疑問には思っていなかった。

営業成績が伸びないからと丸刈りに

新人ががんばってもすぐに売上が伸びるわけもなく、Aさんは、売上を伸ばすためと必然的に長時間労働に。ところが、支店長代理は残業中のAさんを見かけると飲みに行こうと誘う日々。酒好きならいざ知らず、実はAさん、体質的に酒が飲めない。そこで、誘いを断ろうとすると、支店長代理は「先輩からの誘いに付き合うのは社会の常識」と言って無理やり連れだす始末。Aさんは一緒に飲むわけでもなく、他の人と盛り上がる支店長代理を自動車で送迎する役割だった。これは、ハラスメントの香りが……。

ある日、極めつきの出来事が起こる。Aさんがいつものとおり社内で作業をしていたところ、上司から驚くべき通告を受ける。社内の役職者会議で「Aさんを坊主頭にすることが決まった」というのだ。坊主頭にする業務命令だという。え？　そんな業務命令は、普通に考えたらダメだってわかるでしょ？　だが、普通じゃないのがブラック企業。

驚いたAさんは支店長代理に本当なのか聞いたところ、「坊主頭にでもしないとお前は変わらない」との答え。しかも、支店長代理は「どうせ坊主にするんだから俺が切ってやる」と言って、Aさんの髪をその場にあった事務用ハサミでジャキジャキと適当に切りはじめたのだった。Aさんは茫然《ぼうぜん》自失。しかもその翌日、散髪に行く暇もなく出社したAさんに対し、支店長代理は、なぜきちんと坊主頭にしてこないんだ！　と叱責する始末。……ハラスメント、ココに極まれり。

Aさんは、ついに会社を辞める決意をして、労働審判を申し立てることに。労働審判のなかで支店長代理はAさんの髪を切ったことは認めつつ、Aさんから頼まれて切ったんだという主張をしてきたものの、そんな主張が通るはずもなく、事件としては無事に解決した。

一般的に、裁判沙汰（労働審判も含む）になった際に一番重要となるのは、「証拠」があるかないかという点だ。証拠がないという理由だけでブラック企業を栄えさせる結果にしてはいけない！　というのが、我々ブラ弁の最大の使命だ。

テレビドラマであれば、弁護士がどこからか華麗に証拠を入手したり、謎の協力者が内部情報をもたらしてくれたりすることもあるだろうが、現実は、泥臭くはいつくばって、依頼者と一緒になって証拠を探すしかない。Aさんがいた会社は、離職者が多く、他の離職者が事実の証明に協力してくれたことも解決に大いに役立った。労働者同士の横のつながりというのは、裁判沙汰になったときにも、とても心強いものである。

もう一つ、生粋のブラックタイプの事例を紹介する。

「我々の業界では労働基準法は適用されていない」

Bさんは、人材派遣業を行う会社の正社員だった。残業代については多額の未払いが発生していたが、在職中はBさんもあまり気にしていなかった。Bさんは担当業務があまりに多忙を極めたほか、雇用時の労働条件と実際の労働条件が大きく異なってきたことから退職を決意した。

ところが、問題はここからだった。

Bさんは退職届を社長に提出したが、社長の対応は退職を認めないというものだった。え？　ここで、働き続けないといけないの？　Bさんは戸惑い、やむを得ず、弁護士に相談することにした。その後も、会社はBさんの退職を認めず、Bさんが出社しなくなってからも社会保険を存続させ、離職票を作成しないという行動に及んだ。

Bさんは離職票と退職時証明書（労基法22条1項）を交付するよう求めたが、社長は様々な理由をつけてこれを拒否していた。Bさんは、離職票が交付されなかったことで、転職予定先の内定を取り消されるという事態にも陥ってしまった。なお、この内定取消にも法的には問題があるが、紙幅の関係上触れない。

労働者には職業選択の自由（憲法22条1項）があり、退職も原則として自由である。ただし、一定の手続的な制約はある。例えば、期間の定めのない労働契約（いわゆる正社員）の場合、原則として退職日の2週間前までに予告しておく必要がある（民法627条）。なお、就業規則に、民法と異なる規定がある場合には注意が必要なので、一旦弁護士に相談することをお勧めする。

労働契約というのは、雇い主が労働者から労務を提供してもらい、それに対して賃金を支払うという関係であって、それ以上でもそれ以下でもない。労働契約がある以上は退職も許さずに会社に縛り付けておいてよい、という関係では断じてないのである。

この事例では、未払残業代や退職妨害についての損害賠償等を求めて労働審判を申し立て、Bさんが勝利することになったが、労働審判のなかで社長が言った言葉が、ブラック企業あるあるの言葉として印象的だった。

「我々の業界ではどこも労働基準法は適用されていない。わが社のような中小企業に労働基準法が適用されたら、わが社はつぶれてしまいますよ」

それでもいいんですか、と言わんばかりの口調で、社長の信念が感じられる勢いであった。その言葉が出たとき、私は思った。……この件、勝ったな。

第五章

そんな理由で解雇？　不当解雇と退職強要

1　運送会社

解雇撤回は形だけ——復職後、孤立させて自己都合退職へ

徳田隆裕

あいまいな理由で突然の解雇通知

会社から不当解雇されたものの、解雇に納得できずに、会社に対して一矢報いるために立ち上がる労働者がいる。そのような労働者に対して、ブラック企業はときに方便的な解雇撤回という、嫌らしい手法を用いてくる。

今回は、方便的な解雇撤回を争う方法を紹介する。

クライアント（依頼者）は、相手方である運送会社の配車係として11年間勤務していたが、ある日、突然、代表取締役から解雇を通告された。解雇に納得がいかず、解雇理由を尋ねたところ、代表取締役は、

「あなたに歩み寄ってほしかった。あなたは独り歩きしている」

などと、あいまいな解雇理由しか答えなかった。相手方から交付された解雇通知書には、解雇理由として「会社都合」としか記載されていなかった。

当然納得できないクライアントは、筆者のもとへ相談にきた。筆者は話を聞き、この解雇は無効となる可能性が高いと考え、相手方に対して、本件解雇は無効であるので直ちに就労させるように請求する通知書を送付した。

解雇を争うためには？

労働者が解雇を争う場合、会社に復帰したいわけではないが、いくらか金銭を請求したいと考えることが通常である。

解雇が無効になれば、労働者は解雇期間中の未払賃金を会社に請求できる。そのため、不当解雇を争う労働者は、「解雇は無効なので、解雇期間中の未払賃金は支払われるべき」という名目で金銭を請求することになる。

そのために労働者は、解雇した会社で就労する意思があることを表示しなければならない。解雇が無効であるのに、労働者が就労の意思を表示したにもかかわらず会社がその就労を拒否した場合に、民法５３６条２項に基づき、労働者は解雇期間中の未払賃金を請求できるのである。

つまり、解雇された労働者は、本当は会社に復帰したくなくても、就労の意思を表示する必要があるのである。

ブラック企業は、この労働者の就労する意思を逆手に取る、嫌らしい手法をとってくることがある。それが、方便的な解雇撤回という手法である。

“方便的解雇撤回”という卑劣な手法

筆者の通知書に対して、相手方代理人からは、解雇理由についてはあいまいにしたまま、次のように主張してきた。

「クライアントがこれまでの言動を改めて反省し、相手方で働くことを強く希望するのであれば復職はやぶさかではない」

「配車係から一般事務職へ配置転換し、月額の給料を7〜8万円減額する」

おそらく、相手方代理人は、今の解雇理由では解雇が無効になると考えたのだろう。そのため方便的に解雇を撤回し、労働条件を引き下げることを前提に復職を求めて、クライアントの解雇期間中の未払賃金請求をあきらめさせよう、というわけだ。

これが方便的な解雇撤回という手法である。

多くの労働者は、解雇をした会社に本気で復職したいとは考えていない。このような意向を逆手に取り、あっさりと解雇を撤回して復職を求め、解雇期間中の未払賃金請求をあきらめさせる。もしくは復職させた上で、会社内で孤立させ、自己都合退職に追い込む手法をとるのだ。

解雇理由は不明確なまま、給与は月額7～8万円減

相手方の方便的解雇撤回に対して筆者は、解雇理由が不明確なままでは仮に復職したとしても、不明なままのクライアントの問題点を指摘して懲戒処分をするといった不利益取扱いをする可能性が払拭《ふっしょく》されないこと、配車係から一般事務職へ配置転換して、賃金が解雇前から7～8万円も減額されるという復職条件は到底受け入れられないことを主張した。

その上で、ナカヤマ事件の福井地裁平成28（2016）年1月15日判決（労働判例1132号5頁）（＊）をもとに、次のように主張した。

・相手方が解雇権を濫用して解雇通告をしたことによって破壊されたクライアントと相手方との間の労働契約上の信頼関係は、回復したとは到底いえない

・クライアントが本件解雇通告後も出勤できないのは、相手方の責めに帰すべき事由による

・民法536条2項により、相手方はクライアントに対して、本件解雇通告撤回後も、賃金支払義務を負う

さらに、こう求めた。

「本気で解雇を撤回するのであれば、先行して解雇時点にさかのぼって、雇用保険及び社会保険資格を回復する手段をとるべきだ。さらに、違法無効な解雇をしたことに対する真摯《しんし》な謝罪と再発防止を文書で誓約して、未払賃金を支払ってほしい」

これに対して、相手方は誠意ある対応をしなかったため、労働審判を申し立てた。

労働審判において、クライアントは、自身には解雇理由がないこと、相手方が方便的に解雇を撤回しても信頼関係が回復しておらず、解雇期間中の未払賃金を請求できることを主張した。

それに対し、裁判官はある程度こちらの主張に理解を示してくれたのか、相手方を説得し、労働審判の第1回期日で調停が成立した。その内容は、相手方が解雇を撤回して、労働契約を合意解約、約1年分の給料から、既払いの解雇予告手当と退職金相当の金銭を控除し、約10か月分の給料に相当する解決金を支払うというものだった。クライアントは、相手方に対して一矢報いることができて、結果には満足してくれた。

紹介してきたように、会社が方便的に解雇を撤回してきても、労働契約上の信頼関係が回復していないとして、方便的な解雇撤回を争い、解雇期間中の未払賃金を請求できる場合がある。ブラック企業のこのような手法にあきらめないでほしい。

＊　ナカヤマ事件……会社が違法な配転命令を出し、労働者がそれを拒否して出勤しなかった事案。会社は、訴訟中にその配転命令を撤回し、出勤するよう命じた。しかし、復帰後の業務内容や、未払いの残業代がどうなるのかが不明であり、会社側の嫌がらせと思われたので、労働者は出勤を拒否した。裁判所は、会社の違法な配転命令によって破壊された信頼関係は、配転命令を撤回しても回復していないから、労働者が出勤できないのは会社の責任であるとして、配転命令撤回後の賃金も支払うよう会社に命じた。

ナカヤマ事件は配転命令に関する事案だが、解雇の場合も、会社が労働者に対する嫌がらせのために解雇を撤回して出勤を求めてくるケースがある。

2　中華料理チェーン

不当解雇を訴えたら3つの会社をたらいまわしに……

蟹江鬼太郎

働いていたのに雇い主がわからない

労働条件の確認はとても大事という話をしたい。

少しだけ理屈を言うと、労働契約は、働くこと、賃金を支払うことについて「合意」すれば成立することとなっている（労働契約法6条）。要するに、雇用契約書などの書面がなくても口約束をすれば労働契約は成立してしまうのである。

ただ、口約束で済ましてしまうと、後に、言った言わないの話になり、大きなトラブルになってしまうことがある。

今回はそんな話題だ。

担当事件は「使用者」が誰かわからない事案である。

相談者はハローワークで中華料理チェーンA社の求人票を見て、そこに書かれた住所を訪れ、D社長から面接を受けて内定をもらった。給料は月30万円とのことであった。でも、雇用契約書や労働条件通知書などの書面は一切もらわなかった。

　相談者はその中華料理チェーンで、ホールスタッフや宅配スタッフとして働き始めたが、給料が25万円しか払われないなどの苦情を言ったところ、解雇されてしまった。

　相談者はこの解雇はおかしいと考えて、労基署に相談の上、A社に内容証明を送ってみた。すると、A社の回答は「いやいや、あなたを雇ったのはA社ではありません。B社です」というものであった。

「それでは」ということで、今度は、B社に対して、簡易裁判所での裁判を起こしてみた。すると、B社の回答は、「いやいや、あなたを雇ったのはB社ではありません。C社です」というものであった。

　確かに、相談者が働いていたときの給与明細を確認してみると、給与明細は「C社」名義で発行されていた。

　でも、C社は住所もわからないし、電話番号もわからない。代表者も、その他の連絡先もわからない……。そもそも、入社時に契約書もつくっていないし、労働条件通知書ももらっていない……。

「いったい誰が俺の雇い主なんだ！」

　困った相談者が私のところに相談に来た。

これは悪質な事案であるということで、弁護団を組んで知恵を絞り、A社、B社、C社の3社と、さらにD社長も加えて、被告を4人として、まとめて一本の訴状で提訴することにした。こうすれば、他社に責任をなすり付けることもしづらくなるし、D社長は実在の人物だから逃げられないだろうと考えたのだ。

裁判を起こしてみると、被告4人の代理人に同じ代理人弁護士がついた。

当方は、A社・B社・C社の役員が共通することや、B社宛の裁判所からの手紙をA社の従業員が受け取っていること、労基署や裁判所に対するD社長の弁解内容など、もろもろの調査をして主張立証を尽くしたところ、裁判所の説得もあって、なんとか相談者が満足する和解にこぎつけることができた。

雇用契約書、労働条件通知書をもらって保存を！

このケースで伝えたいことは、裁判では基本的に訴えた側が立証責任を負うこと、労働契約内容の立証責任は労働者が負うということである。この事例でいえば、「誰が使用者か」や「賃金を月30万円とする合意が成立したこと」などは労働者で立証できないと敗けてしまう。

こういうこともあるので、労働基準法15条（と労働基準法施行規則5条）は使用者に労働条件明示義務を課している。「労働条件通知書」という書面で示されることが多いから、この通知書については知っている方も多いかと思う。

とにかく、労働契約締結時には雇用契約書、労働条件通知書などをもらっておいて、これを保存しておくことが重要なのである！

3　社会福祉法人

冤罪に巻き込まれ、不起訴になったのに解雇を通告

市橋耕太

忘年会の帰りにトラブルに巻き込まれ……

推定無罪の原則。ご存知のとおり、近代刑法上の大原則である。私の印象では、刑事ドラマではこれが完全にないがしろにされているが、弁護士や検察官を登場人物に描いたドラマでは一応この原則を説明するようになっているように思う。

今回は、そんな推定無罪原則が雇用関係で問題になった事例をご紹介する。

依頼者の木村さん（仮名）は、社会福祉法人城西園（仮名）で働いていた。介護の仕事にやりがいを持って取り組み、熱心に仕事に励んでいた。

年末、法人全体の忘年会があり、上司の松さん（仮名）、同僚の阿部さん（仮名）らと共に、木村さんは都心から郊外の自宅への帰路についていた。すでに日付が変わる頃の時間で、下りの特急電車は忘年会帰りの乗客で混み合っていた。

木村さんたちはそれなりに酔っ払っており、上機嫌でついつい大声で会話していたせいか、

他の乗客である角野氏（仮名）と口論になってしまった。ようやく停車した駅で木村さんたちも角野氏も一旦降車したところで、木村さんたちは角野氏との仲直りを図った。

しかし、角野氏はこれに応じず、突然大声を上げ始めた（角野氏も酔っていた様子だった）。トラブルに発展するかもしれないと考えた木村さんたちは角野氏と離れたが、同僚の阿部さんは角野氏とともに木村さんたちから離れていってしまい、少しの間、木村さんたちの視界から消えてしまった。

2人きりにするのは問題であると考えた木村さんたちが阿部さんのところへ向かうと、角野氏が横たわっていた。阿部さんが何かしたのかは木村さんたちにもわからなかったが、2人の間にトラブルがあった様子ではあった。

すると、駅員が駆けつけ「関係者は一緒に来てください」と言われ、木村さんたちは駅員室へ同行した。

その後の展開は木村さんにとってはまったく予期せぬものだった。

木村さんが駅員室で待機していたところ警察が来て、トラブルのことについて事情を聴かれた。警察の事情聴取には正直に応じていたものの、阿部さんと角野氏との間に何があったかを知らなかったため、話しようがなかった。

それにもかかわらず、木村さんは警察署に連行され、同僚たちとは別々に長時間にわたり取調べを受けた。どうやら警察は、木村さんが阿部さんと一緒に角野氏に暴行を行ったものと考えているようであったが、身に覚えのない木村さんは、自身が事件に関与していないこと、そもそも事件とされるものの正確な内容自体知らないこと等を説明した。しかし翌日昼頃に木村さんは逮捕された。

その後、検察官に対しても真実を述べ、容疑は事実に反することを訴えたが聞き入れてもらえずに勾留《こうりゅう》されることとなった。

木村さんは、はじめに接見に来た弁護士から容疑を認めて示談をする方針を勧められたが否認を貫いた。その後、別の弁護士の弁護活動のおかげで、逮捕から5日後、ようやく釈放された。

捜査は継続されたものの、事件から約3か月後に木村さんは不起訴処分とされた。やっていないのであるから当然、と思われるかもしれないが、きちんと否認を貫いた木村さんの忍耐と、弁護活動のおかげであろう（残念ながら私とは別の弁護士である）。

いずれにしても、安易な逮捕勾留によって身体拘束した捜査機関と裁判所の罪は重い。しかし、木村さんにとっての悲劇はこれにとどまらない。

不起訴処分になったのに解雇される

釈放後、すぐに勤め先の城西園に電話したところ、城西園からは自宅待機命令を受け、顚《てん》末《まつ》書の提出を命じられた。もちろん、木村さんは事実どおりのことを記載して顚末書を提出した。釈放から1週間ほど経過した年明け、木村さんは城西園の人事担当者に対して顚末書の内容を説明したが、さらに1か月間の自宅待機を命じられた。

冤罪《えんざい》に巻き込まれたが晴れて釈放されたにもかかわらず、なぜこのような扱いを受けないといけないのか？　木村さんの不安は想像に難くないだろう。

そして、自宅待機期間満了目前の1月末、再び城西園人事担当者に呼び出された木村さんは、諭旨解雇とする旨を告げられた。諭旨解雇とは、懲戒解雇相当であるものの、退職願を提出させるなどして懲戒解雇として扱わない措置などを意味する。つまり、実質的には懲戒解雇相当の事態であると城西園は捉えたのである。

木村さんは、突然の解雇通告に驚きを隠せなかった。城西園側の説明では、本来は懲戒解雇に相当するが温情で諭旨解雇にする、とのことであった。

不起訴処分はその後に発せられたのであった。そもそも冤罪であるにもかかわらず、さらに解雇されたことに到底納得出来なかった木村さんは、私のところへ相談に訪れた。

おわかりのとおり、本件は、誤って逮捕勾留された、つまり冤罪被害者である木村さんに対して、逮捕勾留されたという事実のみをもって城西園が過度に重く受け止め、推定無罪の原則を無視して拙速な解雇を行ったという事案である。

逮捕勾留されたということは犯罪者であることを意味しない。この推定無罪原則に従って判断すれば、本件解雇が違法無効であることは明らかであった。

提示された解決金は20万円

本件でさらに木村さんを憤らせたのは、交渉における城西園の対応である。城西園にも代理人弁護士が就き、本件の解決について協議が行われた。城西園の代理人からは解決金について話し合いたいとの提案がなされたため、私は城西園の代理人も解雇は無効だと思っているのだと受け止めた。

しかし、城西園側から提案された解決金は、たったの20万円であった。木村さんの1か月分の給与にも満たない金額である。勝手に犯罪者だと決めつけて解雇しておいて、なんと不誠実な使用者なのだろうか……。代理人の見識も疑われるところであった。

早期解決を望んでいた木村さんと相談の上、労働審判を申し立てることとした。労働審判の中では、城西園側もさすがに「逮捕勾留されたから解雇した」などという主張はしなかったが、「他の乗客とトラブルになった」といった程度の解雇理由を挙げてきた。

そんなことで解雇されたらたまらない。当然、労働審判委員会の心証は解雇無効とのことであった。それでも城西園は解決金を値切ってきたが、一応木村さんも納得出来る水準の解決金での退職和解となった。

「逮捕されたのだから犯人だろう」

「起訴されたのだから有罪だろう」

特に日本で生活していると、その感覚は強いかもしれない。

しかし、実際には数多くの冤罪事件が存在し、冤罪被害者は謂《い》われのない疑いをかけられて苦しんでいる。

刑事手続の中では関与する専門家が気をつければよいかもしれないが、それ以外の場面においても、本件のように推定無罪原則を理解しない対応によって人の人生を大きく左右してしまうこともある。

くれぐれも、使用者の皆さんには軽率な対応は慎んでもらいたい。そして、法曹モノのドラマでは、これまで以上に推定無罪原則を丁寧に描いてもらいたい。

なお、木村さんは別の社会福祉法人で元気に働いている。

4　調剤薬局

支払い削減が目的の方便的な解雇撤回にご注意を

光永享央

髪の色を理由に突然の解雇

問答無用で解雇しておきながら、労働者が覚悟を決めて戦いを挑んできた途端、あっさり解雇を撤回する。最近、こんなブラック企業が増えている。

「解雇が撤回されて職場に戻ることができるんだから不戦勝みたいなもんじゃないか。それのどこが問題なのか？」

と思ったあなたは甘い！

このような場合、会社が不当解雇であったことを反省し、労働環境を整えて解雇した労働者を受け入れるというハッピーエンドであることはまずない。

多くの場合、会社は相談した使用者側の弁護士から敗訴濃厚と言われ、裁判で解雇無効となった場合の支払い額（解雇日から解雇無効判決確定日までの賃金＝バックペイ）を節約するために、まったく反省することなく、単に「とりあえず解雇を撤回するから明日から出勤しなさい」と伝える。そして、労働者がまた酷い目に遭うのではないかと躊躇して出勤できないでいると、「待ってました！」とばかりに今度は「無断欠勤」「出勤命令違反」を理由に第2次解雇を通告してくるのだ。

ブラック企業の頭のなかは、「どうせ負けるのなら、1円でも払う額を少なくしたい」という自分勝手な思考回路だけであり、だからこそ「方便的解雇撤回」が頻発しているのである。本章の1でも紹介されているが、以下、私が担当した事案を紹介しよう。

Aさんは20代の女性薬剤師で、調剤薬局を運営する会社に正社員として中途採用された。ところが、初出勤を数日後に控えたある日、社長（男性。薬剤師資格なし）から自宅近くの喫茶店に呼び出され、Aさんの髪の色が一般的な社会人よりも明るいため、ヘアカラースケール7LV以下に黒く染め、業務中は束ねてほしいと告げられた。突然の申入れに困惑したものの、染め直す時間的猶予として出勤日を繰り延べ、その間の賃金も払うとまで言われたため、これを受け入れた。その後美容室に行き、染め直した髪色を社長に確認してもらい、承認を得た。

Aさんは、薬剤師として真面目に勤務し、口頭・書面を問わず注意や指導を受けたことはなかった。薬局には社長の妻（薬剤師）である薬局長ほか数名が所属していたが、人間関係も含めて特段トラブルもなかった。なお、社長は基本的に店舗の解錠のために薬局に立ち寄る程度で、従業員が出勤する際にはすでに姿はなく、Aさんが社長を見かけたのは年に1、2回程度であった。

1年余り経ったころ、隣のZ病院の事務長から会社に対し、Aさんの髪色が明るすぎると苦情があり、Aさんはその日以降Z病院に薬を届ける業務（1日1～2回）を控えることになった。ただし、薬局長はさして気にも留めていない様子で、Aさんはこの件についても注意・指導を受けなかった。

ところがその3日後、Aさんは社長に呼び出され、髪の色を理由に唐突に解雇を切り出された（第1次解雇）。驚いて髪の色だけで解雇するのかと尋ねると、社長はこれを肯定した。

改善の機会を与えることもなくいきなり解雇するのは厳しすぎる旨抗議すると、社長は「髪のことは非常にプライベートなことなので、話し合っても折り合いがつかないと思いました」と述べ、とりつく島もなかった。

Aさんはさらに再検討を求めたものの、社長は応じず、翌日以降の出社を断念した。なお、解雇理由証明書にも、主たる解雇理由として、髪の色が明るすぎることが挙げられていた。

会社は一転して解雇を撤回するが……

Aさんから依頼を受けた私が会社に対し、拙速かつ不合理な解雇を撤回するとともに、文書による謝罪、バックペイ及び慰謝料の支払いを求める旨の内容証明郵便を送付した。

すると2週間後、会社の代理人弁護士から、「解雇は妥当であるが、Aさんの就労意思を尊重し、本件解雇を撤回する。ついては○月○日から出勤されたい」との書面が届いた。会社があれほどこだわっていたAさんの髪色の現状については一切触れられていなかった。まさに、バックペイ節約のための「方便的解雇撤回」であることが明白であった。

そこで私は、会社が本気で解雇を撤回する気があるのであれば、先行して解雇時点に遡《さかのぼ》って雇用保険及び社会保険資格を回復させる手続をとり、違法無効な解雇をしたことに対する真摯な謝罪と再発防止を文書で約束、バックペイを支払うよう要求した。しかし、会社側はこれを拒否し、出勤命令に応じない場合は懲戒解雇する旨告知してきた。

Aさんの意向を確認したところ、会社に対する不信感が強く、「とりあえず復職」という選択肢は困難であった。そして何度かやりとりした結果、会社は、再三の出勤命令に応じなかったのは無断欠勤に当たるとして、第2次解雇に踏み切った。

Aさんはこれに対抗し、解雇無効とバックペイの支払いを求めて労働審判を申し立てた。

労働審判では、第1次解雇につき、会社がAさんの髪色を問題視していたのであれば、解雇前に書面による注意・指導、懲戒処分を行い、かつ、髪色測定の記録や写真等を残して然《しか》るべきところ、これらを何もしていない点を追及した。また、Z病院からクレームを受けて解雇するまで3日間しかなく、この間にどのような改善の機会を与えたのか問い質《ただ》したところ、社長はまともに答えられなかった。

その結果、労働審判委員会は第1次解雇が客観的合理的理由もなく、社会通念上相当とも認められず無効であるとの判断を示した。

政権が狙う「解雇の金銭解決制度」の欺瞞

ところが、会社は、たとえ第1次解雇が無効だとしても、解雇撤回が成立するから、支払うべきバックペイは解雇日から撤回までの約1か月分の給料にとどまると主張した。

これに対し当方は、以下のとおり反論した。

・解雇は単独行為のため、解雇の意思表示到達後は原則として撤回できないこと。
・厚労省は、労働者が具体的事情の下、自由な判断によって同意した場合に限り撤回しうるとの通達を発出していること。
・Aさんは当初より、解雇撤回、文書による謝罪、バックペイ及び慰謝料の支払いを包括して求めており、解雇撤回のみ切り離して同意したことはないこと。

また、会社が解雇権を濫用して労働契約上の信頼関係を破壊しておきながら、謝罪や労働社会保険資格の回復手続等の信頼関係を回復する真摯な努力を何ら行っていない以上、解雇撤回に対して自由な判断による同意を行う前提状況が存在しないことも指摘した。

労働審判委員会は、当方の主張を支持し、解雇撤回は成立していないこと（当然、第2次解雇も無効）を前提として、解決金の支払い及び解雇撤回を主たる内容とする調停が成立した。

現在の自公政権は「労働者の泣き寝入りを防ぐ」等の看板を掲げて「解雇の金銭解決制度」の法制化を進めようとしている。しかし、多くの解雇事件は適切な水準で金銭的に解決しており、裁判で解雇無効となれば解雇無効判決までのバックペイが払われるから（月給30万円で2年かかったとすれば30万円×12か月×2年＝720万円）、現行法上労働者が泣き寝入りしているというのは完全に嘘である。

「解雇の金銭解決制度」の狙いは、無効な解雇でも会社が払う金に上限（月給6か月～1年分等）を設けて会社の経済的負担を軽くすることにあり、労働者にとっては百害あって一利なしである。

5　幼稚園

「今日があなたの定年日です」——ある日突然クビに

大久保修一

6か月過ぎているのに「試用期間だった」

あるところに、幼稚園と小学校を運営する学校法人があった。そこで働く2人が、今回の当事者である。

1人は幼稚園の園長のAさん。そして、もう1人は事務局の事務長のBさん。Aさんは、園長さんの業務と並行して、幼稚園児の保育に携わる日々。Bさんは、少し前から、幼稚園や小学校の事務長さんとして働くようになり、幼稚園児を温かく見守りながら仕事に励んでいた。

すると、ある日2人は、こんな趣旨のことを言われる。

「Aさん、あなたはもう高齢だから、幼稚園の園長さんは任せられない。定年ということで、今日、退職してもらうことが理事会で決まりました」

「Bさん、あなたは試用期間中だったんだけれど、本採用しないことになりました。不採用ということで、Aさんと同じく退職してもらうことが理事会で決まりました」

そう。2人は、いきなりクビにされてしまったのである。2人は、突然のことに驚いたが、ちゃんとした説明もなくいきなりクビにされて納得することができず、弁護士に相談することにした。

これが本件のあらましである。

相談を受けて話を聞いたところ、先述したように、Aさんについては「定年退職」、Bさんについては「試用期間中の採用拒否」ということで退職させていたことがわかった。そのうえで、就業規則を精査すると、この学校法人における通常の教職員の定年は、60歳（65歳までの継続雇用制度あり）とされているが、園長の定年については、特別な管理職であることを考慮して、通常の教職員の定年の規定は適用せず、「理事長が決定した日を定年とすることができる」と定めていることもわかった。

今回のAさんの場合、学校法人が一方的に定年日を当日と設定して、その日のうちに退職させたということになるので、定年退職を装った即日解雇であると整理することにした。

また、試用期間の定めについて、この学校法人の就業規則をみると、出勤開始の日から6か月間が試用期間とされていたが、Bさんは、働き始めてから6か月はとっくに過ぎていた。そこで、Bさんについては、単純な即日解雇であると考えることとした。

2人とも強く復職を希望していたため、解雇無効の判決を勝ち取るべく、速やかに訴訟を提起することにした。

お気づきであろうか。ここまでの話のなかで、何かが足りないことに。ちなみに足りないのは、面白味ではない。もし、そう思われていたとしても、それは私の力ではいかんともし難い。豊かな想像力で補ってほしい。

足りないもの、それは、2人を解雇した理由である。

提出された驚きの文書とは……

ご承知のこととは思うが、解雇は簡単にすることはできない。解雇には客観的に合理的な理由と社会通念上の相当性が必要とされる。私たちは、訴訟提起の段階から、今回の事件が理由なき解雇であることを追及し続けた。

学校法人側は当初、高齢のAさんには解雇権濫用の法理は適用されないなどという独自の見解を示すなどして、解雇であること自体を否定していた。

やがて、そのような主張が通らないことに気がついたのか、2人を解雇してからおよそ10か月半、訴訟提起からおよそ7か月半経過した段階になって初めて、裁判所に提出した書面において、2人の解雇理由に関する主張を具体的にするにいたった。

学校法人が解雇に相当すると主張する理由は様々であった。しかし、そのほとんどはまったく事実ではない言いがかりや、取るに足らないような出来事をもとに理不尽な非難をしているに過ぎないものであった。

「Bさんが、自家用車を不適切に駐車したために、他の教職員が駐《と》めていた自動車が出しづらくなったことがあった」

「Bさんは、児童とのふれあいが不足していた」

などという理由が挙げられていたが、言いがかりもいいところである。

「Aさんは、園児を散歩させているときに転倒して、骨折してしまい、園児を危険にさらした」

などというものも挙げられていたが、たまたま業務中に怪我をしたことを解雇理由とされたのではたまったものではない。また、散歩コースは自動車等がほとんど通らない落ち着いた場所であり、そもそも危険など生じない。

およそ解雇を正当化しうるような理由が指摘されることはなかったが、それでも、学校法人側が主張した解雇理由は、私たちを戦慄《せんりつ》させた。事務長であるBさんの解雇理由として、こんなことが指摘されていたからである。

「Bさんが働き始めて間もない時期に、幼稚園の謝恩会に出席した際に、隣席にいた初対面の教員に対して、『いい職場が見つかりましたよ』と話しかけた。話しかけられた教員は不快に思った」

どうやら学校法人は、Bさんがいきなり職場のことを褒めたことが気に食わなかったらしい。もしかしたら、もっと時間をかけて学校法人のことをよく知ってから、褒めてほしかったのかもしれない。残念ながら、裁判でそんなツンデレな一面を見せられても、ドキッとする人はいない。私としてはTPOをわきまえてほしかった。なお、学校法人は、この言動がどうして解雇理由になるのかは明らかにしなかった。やはり、急に褒められて恥ずかしかったのかもしれない。

写真の位置にペンキの塗り方まで

学校法人の勢いはとどまるところを知らない。こんなことも解雇理由として挙げてきたのである。

「Bさんは、小学校の入学式の際、事務職なのに、学校長・学園長と同列に並んで、集合写真の撮影をした」

学校法人は、この写真撮影の件が、幼稚園の教職員として適格性のない行為であり、幼稚園の秩序を乱し、規律に違反する行為であり解雇理由にあたると主張していた。

入学式といえば、学校行事の一大イベントである。仮に、写真撮影などの場面で看過し難い問題が発生していたとするならば、その時点で処分をして然るべきであろう。

私は、学校法人から当時の集合写真が証拠として提出されるのを心待ちにしていた。しかし、ついに提出されることはなかった。非常に心残りである。

学校法人からのさらなるダメ押しを受けて、私は悶絶《もんぜつ》した。とどめがきたのである。「Bさんが学校の正門のペンキを厚く塗りすぎたせいで、門の開閉がし辛くなった」「それはいくら何でも」と思ったが、学校法人側はどうやら本気で主張しているようだった。ちなみにBさんが、正門にペンキを塗ったことはあるが、門の開閉に支障が生じるようになったことはなかった。

裁判所は、学校法人側が主張する2人の解雇理由には見向きもしなかった。裁判所からは、解雇無効を前提とする和解を勧告され、学校法人側が復職を拒んだため、金銭和解をすることとなった。およそ不合理な解雇理由に固執し、争いをいたずらに長引かせた結果、学校法人側は、相当額の解決金を2人に支払うこととなった。乱暴な解雇をしたばかりか、解雇を正当化しようとして、かえって傷口を広げてしまった典型例である。

6　とある企業4社

裁判官も思わず尋ねた「で？　何が解雇理由なんですか？」

明石順平

素でとぼけてきた相手方弁護士

労働事件をやっていると、「素直に認めればいいのに……」と思うような使用者側の無茶な抵抗に遭遇することが多々ある。私が見た無茶な抵抗のいくつかをご紹介する。

これはとある会社に対する残業代請求事件（第四章の1でも紹介した事件）。残業代について、会社は残業代算定の基礎となる賃金を一方的に1時間1000円と定め、残業代を支払っていた。依頼人の基礎賃金を正しく計算すると1000円より遥《はる》かに高いので、相当額の残業代の未払いが発生していた。

証拠はかっちり固まっているので、会社側が争う余地はまったくない。この場合に会社が取るべきもっとも賢明な手段は「さっさと払う」ということである。なぜなら、退職者に対して未払いの賃金がある場合、全額支払うまで年14・6％という高い利率の遅延損害金がつくからである。依頼人は退職済みであった。

さらに、こじれて訴訟にまで発展した場合、付加金というのを支払わされることもある。付加金というのは罰金のようなもので、最大で未払残業代と同じ額を支払わされる。つまり、無駄な抵抗を続ければ続けるほど支払うお金が増えていくということになる。

私が残業代の計算書を送って支払いを求めたところ、向こうも計算書を出してきた。しかし、私の計算と金額が合わない。おかしい。

よく見ると、法定休日割増しと、週40時間以上部分の割増しが含まれていない。その点を相手方弁護士（おそらく顧問弁護士）に説明したところ、

「先生、この会社にはね、法定休日が無いんですよ！」

と勢いよく反論。素でボケていたらしいのはすでに述べた。

結局、おおよそこっちの請求額に近いかたちで和解が成立し、素直に支払ってきた。変な反論はしてきたものの、労働審判や訴訟になる前に支払ってきたので、その点では賢明な対応だったと思う。なぜなら、審判や訴訟になれば、さっき言った遅延損害金等に加え、弁護士費用もかさんでいくからである。

無駄な抵抗に挑む会社の驚きの強弁

さて次も残業代請求事件だが、上記の例と異なり、思いっきり無駄な抵抗をしてきた事案である。

私が受任通知を会社に送ってタイムカードの提出を求めたところ、素直に出してきた。タイムカードは残業代請求事件においてもっとも固い証拠であると言っても過言ではない。それを元に残業代を計算したところ、あまり大きな額にならなかったので、金額を伝えれば素直に払ってくるだろうと思われた。

が、違った。

「うちの残業は承認制です。承認してないから残業代払いません」

と反論してきた。よくある反論の一つである。承認制を取っていても、タイムカードを見れば残業をしていたことははっきりしており、会社もそれを把握していながら放置していた。さらに、打刻忘れをした際には、手書きで出退勤時刻を記載し、上司がそこにハンコを押していた。これらの事情からすれば、残業を黙認していたことは明らかである。しかし、結局支払いを拒絶されたので、労働審判を申し立てた。

労働審判となると、弁護士をつけるか、つけないなら会社の代表者が自ら来なければならない。それはさすがに不要な手間と金がかかるので、第1回期日前に「やっぱり払います」

と言ってくるのではないか、と思っていた。

しかし……弁護士をつけて思いっきり抵抗してきた。そのなかで、驚きの反論があった。

「うちのタイムカードは出退勤時刻を記録するためにあるのではない！」

と言うのである。それ、「弁護士は弁護するために存在するのではない！」と言っているのと同じレベルだと思うのだが。

もちろんそんな反論は受け入れられず、結局こちらの請求額満額に近いかたちで和解が成立した。向こうは弁護士を2人もつけてきたのだが、最初から素直に支払っていれば明らかに安上がりで済んだと思う。多分、相手方の弁護士に払われた費用は、こちらの請求額よりも多い。

裁判官の第一声「何が解雇理由なんですか？」

次は解雇の有効性を争った事案である。依頼人はある日突然、解雇された。解雇理由も不明であった。そこで、会社に解雇理由証明書の発行を要求したところ、極めて抽象的な内容の解雇理由が返ってきた。具体的にどういった行為が解雇理由になったのか、よくわからない内容であった。

どうも本当の解雇理由は、依頼人を快く思わないある社員が「依頼人と上司ができている」というような噂を経営陣に流し、それを真に受けた経営陣が、ろくに事実確認もせず、証拠も無いのに解雇を決断してしまったということのようであった。

もちろんそんな事実は無く、仮にあったとしても、上司との不倫が確実に解雇理由に該当するわけでもない。

会社が態度を変えないので労働審判を申し立てたところ、会社側は、依頼人が上司とトラブルを起こしたこと等を具体的な解雇理由とする答弁書を提出してきた。しかし、それは謝罪をして解決済みのことであり、どう解釈しても解雇理由にはなり得ない。「本当の」解雇理由の方は、何の証拠も無いので主張できなかったようである。

そして迎えた第1回労働審判期日、裁判官の第一声は、

「で？　何が解雇理由なんですか？」

……静寂に包まれる審判廷。「牛丼を頼んだのに牛肉が入ってないんですけど」的な裁判官のツッコミである。解雇は撤回され、依頼人は無事に職場復帰した。

めでたしめでたし。

結局、会社は無駄な時間と費用を浪費したことになる。素直に解雇を撤回すれば良かったのに……。

過去最高の売上でもリストラ

次も解雇の有効性を争った事案である。依頼人の勤める会社は、業績不振を理由に人員整理をし、依頼人にも強烈に退職勧奨をしてきた。そんななか、会社の業績は突如大幅に改善した。アベノミクスの影響である。製造業にとって、アベノミクスによる円安は莫大《ばくだい》な為替《かわせ》差益をもたらした。相手方はその恩恵にあずかり、業績は絶好調になった。なんと過去最高の売上を記録したのである。

しかし……一度振り上げた拳《こぶし》を下ろせないのか、会社は退職勧奨を止めず、ついには整理解雇を強行するに至った。

整理解雇というのは業績不振のときに行われるもので、労働者には何の非も無いから、その有効性は極めて厳しく判断される。大前提として整理解雇の「必要性」が無くてはならない。しかし、過去最高売上を記録した会社について整理解雇の必要性が認められる余地など無い。この解雇を有効と判断する裁判官はいないだろう。相手方の弁護士も会社を説得したと思われるが、結局裁判になってしまった。

こういう場合、さっさと解雇を撤回するか、労働者が納得する解決金を支払って合意退職してもらうのがもっとも合理的な判断である。しかし、会社はいずれの道も選ばず、結局1審は和解ではなく判決となった。もちろんこちらの勝訴。2審ではこちらの納得する水準で和解が成立し、事件は終わった。

かなり長引いたので、弁護士費用も相当かさんだと思う（相手方の弁護士はとってもお値段の高い法律事務所の人たちだった）。

経営者の方々には、長い目で考えて合理的判断を下していただきたいものである。

7　電気メーカー

出向先は追い出し部屋、業務は転職先探し

戸舘圭之

毎日長時間にわたる退職勧奨

Aさんは某電気メーカーでSEとして働いていた40代の正社員だった。ある日、上司に呼び出されて、いきなりこう話を切り出された。

「君も長年我が社でがんばってくれて感謝している。そろそろ新たな道を歩んでみないか。いま、我が社を退職し、別な会社へ転職しステップアップしてくれれば退職金を特別に増額するから」

何の話かと思いきや、これは、要するに「会社を辞めてくれ＝退職勧奨」ということではないか。

結婚し、子どもも生まれ、ローンでマイホームも買った。これから子どもも成長し教育費等もかかってくるのに、いま仕事を辞めるわけにはいかない。なにより40代も後半に差し掛かった自分をいまと同程度の条件で雇ってくれる会社なんてあるわけがない。そう考えて、

上司に対して、自分は退職をするつもりはないとはっきりと告げた。しかし、話はそれで終わらなかった。

その日から、上司や会社の総務関係の担当者から連日のような面談攻勢を受けるようになる。会社を退職する気はなく定年まで働くつもりであると言っているAさんに対して上司は、

「残念ながらいまの会社に君の居場所はない」

「別な会社に転身して君のスキルを活かしたほうが君自身にとってもよいことではないか」

あの手この手で説得を試みようとしてきたのだ。

Aさんは、行政機関の労働相談なども利用しながら退職勧奨には応じる必要はないことを知っていたので、断固として会社の要請を断り続けた。毎日、長時間にもわたり上司らからの説得を受け続けても、なおも退職することを拒み続けていたが、上司の説得は止まらなかった。

その後、会社側は、今度はAさんにある会社への出向を打診することになる。出向とは、現在勤めている会社に籍は置いたまま、別の会社に行って働くことであり、企業では人事異動の一環としてしばしば行われているが、今回の出向は驚きの内容であった。

会社から示された出向先は「ジョブクリエーションコーポレーション」（仮名）なる会社で、大手派遣会社の子会社であった。驚いたのは、出向先での業務内容である。

業務は転職先探し

Aさんが出向先で行うべきとされた業務は「自身の転職先を探すこと」であった。要するに、仕事はしなくていいから、出向先でパソコンを開いて転職サイトで転職先を探し、求人があれば応募をして一日も早く転職を決めて、元の会社をめでたく退職するようにとの業務命令であった。Aさんはびっくり仰天する。当然ながら、これは実質的には退職勧奨であり、会社を辞めるつもりはないので断った。

会社側もここまでの流れから当然のことながらそれで引き下がることはなく、

「どうして断るんだ。会社は君のためを思って転身先を探すために必要な環境を与えてあげるんだよ。給料もいままでどおり払うし、転職に必要なサポートは全面的にする。こんないい条件なのにどうして断るんだ？」

「いいかい、考えてみたまえ。繰り返すが、いまの会社に君の居場所はない。部署の異動も考えたが、どこの部署も君を受け入れるつもりはないと言っている。ほかの会社だったら、当然にリストラの対象者だよ。夫がリストラに遭ったなんて、奥さんにどうやって説明をするんだ。恥ずかしいし、カッコ悪いとは思わないか」

「会社は、君を解雇するだなんて一言も言っていないじゃないか。会社は君の将来のことを第一に考えて、もっと積極的な気持ちで、ポジティブなマインドで考えられないかな」

「いまの会社からステップアップして新たなスキル、ステイタスを獲得できるチャンスなんだよ」

などなど、畳みかけるようにAさんを説得しようとした。

Aさんも上司らの話を聞き続けるうちに何が正しいのか、会社を辞めたくないという自分の考えが正しいのか、訳がわからなくなってきてしまった。

ただ、いろいろきれいな言葉は並べられているが、出向先に行って真面目に「業務」に取り組めば取り組むほど、転職の実現可能性は高まる。転職活動が功を奏して転職が決定すれば、いまの会社を退職することになる。どう考えても、退職を求められていることには変わりはないではないか。

結局、会社側は業務命令として、Aさんに対して出向を命じたことから、Aさんは弁護士にも相談の上、「異議を留め」た上で出向に応じることにした。「異議を留め」るとは、会社側に「異議」を示したうえで出向には応じるという対応方法である。出向には本来同意も納得もしていないが、業務命令違反でさらなる不利益（解雇等）を課せられてしまうのは現実的な不利益が大きいことから、出向命令自体を認めたわけではないが命令である以上さしあたり従わざるをえないという意味が込められている。

リストラ業務もアウトソーシングの時代

Aさんは、このような経過をたどって、仕方なく出向先である「ジョブクリエーションコーポレーション」（仮名）に行くことになった。

出向先では、毎朝簡単なミーティングをし、あとはひたすら会社から提供されたパソコンで大手の転職サイトを検索し、求人情報を調べて応募をするという作業の繰り返しである。なにしろ与えられた業務内容が「自分の転職先を探すこと」であるのだから、ほかにやることはない。出向先では、転職を支援するためのキャリアカウンセリング的なことも行われているが、とにかく、目的は一日も早い転職の実現（＝元の会社からの退職）である。

昔からリストラ、退職勧奨といえば、労働者を窓際に追いやり、草むしりや新聞記事のスクラップなどをやらせて嫌になって退職させるという手法がしばしば行われていたが、そのような露骨な嫌がらせは違法であることから企業側としてもリスクを冒してあえてこのような手段をとることは少なくなってきているように思われる。

最近は手口が巧妙化、悪質化し、異動先における業務を「自らの転職活動を行うこと」と指示することにより、当該人事異動を認めさせた時点で、当該労働者を退職に向けた不可逆的なレールに乗せて、結果として、退職に追い込むという方法が現れるようになった。

その一例が、いわゆる「追い出し部屋」と呼ばれる配転、出向を利用した退職強要であり、近時、裁判例においても配転命令、出向命令を無効とする判決が登場している〈ベネッセコーポレーション事件東京地裁立川支部平成24〔2012〕年8月29日判決、リコー〈子会社出向〉事件東京地裁平成25〔13〕年11月12日判決、労働判例1085号19頁参照〉。

Aさんのケースで問題となった出向を利用した退職勧奨は、いわば「追い出し部屋」のアウトソーシングともいうべき制度であり、問題点は「追い出し部屋」と同様である。

この出向を利用した退職勧奨の巧妙性、悪質性は、その制度そのものにある。すなわち、このような人事異動〈出向〉による退職強要の根幹は、異動〈出向〉先における業務が「自らの転職活動」という点にある。したがって、ひとたび出向命令に応じてしまえば、労働者に残されている行動の選択肢は、退職しかない。「転職」といっても、当該企業を退職することに他ならないからである。

労働者の本心は、定年までの雇用の継続を望むのが通常であり、とりわけ昨今の雇用情勢に照らせばなおのこと中途で転職をするという選択は経済的にも不合理であり、このような選択を通常の精神状態で自らの意思で行うことは考えがたい。

巧妙なリストラには注意を

使用者は、そのような労働者の意向、本心を当然のごとく認識しながらも、自らのリストラ計画、人員削減計画を推進するために当該労働者を退職にもっていくために様々な言辞を用いて「説得」活動を行う。「説得」の過程で当該労働者は、自ら会社に必要とされていない人間であることに絶望し、なんとか自らの労働者、社会人としての自尊心を維持するためにも、最終的には「自らの意思によって」、当該人事異動を受け入れるというかたちをとることを選択するようになる。これは人間の心理上、当然の反応である。

人は、他人から強制されたことよりも、自らの意思で決めたことを行うほうが心理的な抵抗も少なくなるし、精神的な負担も生じなくなるからである。しかし、このことは、当該労働者が、本心から納得して応じたことを意味しない。できることなら会社に残って業務を行いたいが、やむを得ず、仕方なく応じているのが実態であり、本当のところは、できることなら応じたくないと考えるのが当該労働者の通常の心理である。

その結果、退職勧奨を受けた労働者が自発的に転職先を探し、自ら退職を目指した活動を「業務」として行う、という状態が完成する。

リストラを行いたい企業側は、法的に違法、無効と評価される可能性が大きい解雇や露骨な嫌がらせを伴う退職強要を行うことなく、不要と判断した労働者を退職させることが可能となる。

Aさんは、出向命令が無効であることの確認を求めて会社を相手に提訴をした。あわせて、このような「追い出し部屋」的な出向の受け入れを行う出向先の会社に対しても損害賠償を求めて提訴した。裁判の結果、会社との関係では和解による解決を選択し、Aさんは円満に退職をすることになった。出向先の会社に対する損害賠償請求は最高裁まで争ったが、残念ながらAさんの敗訴に終わってしまった。

しかし、裁判所は、出向先が不法行為に基づく損害賠償義務を負わないと判断しただけであり、決してこのような出向を正当化したわけではない。出向を伴わない「追い出し部屋」が違法であることは多くの裁判例が認めるところである。今後、同種のケースで出向命令自体が無効であるとの裁判所の判断が出される可能性は十分にある。

労働者は、会社において何か利益になることを実現するために働いているのであり、自分の転職先を探すことが会社での「業務」であるなどといって、労働者に対して自分自身のクビを絞めさせるような行為を会社が行うことは許されないはずである。

大した理由もなく安易に行われる解雇が許されないのはもちろんであるが、このような形で外形上は労働者の自発的な退職を装った巧妙なリストラ手法にも注意する必要がある。

8　パチンコ店

暴力、いじめ、セクハラ、極めつきは突然の解雇

笠置裕亮

暴力、いじめ、セクハラとやりたい放題

弁護士という職業の面白いところは、自分1人の人生だけでは体験できない、様々な人生を追体験できるところにあると感じる。私自身、労働事件を担当する中で、いろいろな人生勉強をさせてもらった。今回は、中でもとりわけ衝撃を受けた事件について紹介しようと思う。

私は、月に2回、神奈川県内のとある地域の労働組合の事務所にて、法律相談を担当している。ある日、組合事務所のもとに、パチンコ店のホールで働いていたという1人の若い女性が相談に訪れた。

用件を聞くと、勤めていたパチンコ店から解雇されてしまったという。会社との間でどのような契約が結ばれているかを確認しようとするも、契約書の類《たぐい》は見たことがないし、もらった覚えもないとのこと。これでも明確な労働基準法違反であり、ひどい話なのであるが、

年間50件ほどブラック企業を相手にする裁判を担当している私の目から見れば、残念ながら「よくある話」である。

しかし、もちろん、話はそれだけではない。彼女によれば、店長が1年程前にとある男性（A店長としておこう）に代わってからというもの、様々な嫌がらせを受けてきたという。

まず、日常的な暴力。特に理由があるわけでもないのに、彼女はA店長から日常的にサンドバッグにされてきたという。それも、ただのパンチではなく、その筋の方々がやっているように、人差し指と中指で親指を包み込むように拳を握り、人差し指と中指を少し浮かせた状態で殴ることで、殴られたときの衝撃を倍加させるやり方で彼女を殴るのである。路上で行われているケンカではない。職場で彼女が日常的に受けていた暴力である。

お客さんたちが多数いる前で、突然自分の革靴を脱いで投げつけてきたということもあった。新日本プ○レスが好きなのだろうか？　特に理由もないため、防御のしようもない。ひどい話である。相談に訪れた少し前に骨盤を殴られたことで、彼女は腰痛が治まらないとこぼしていた。

次に、いじめ。A店長は、彼女が仕事で失敗するよう、様々な仕掛けを施していた。

例えば、彼女が景品カウンター業務の担当をしていた時のこと。彼女は手にしていた雑巾《ぞうきん》を店内奥の棚にしまおうと思い、一瞬だけカウンター業務を同僚に代わってもらったということがあった。彼女が雑巾をしまってカウンターに戻ってくると、なぜか3万円相当の景品が紛失していた。お客さんがまったく来ていないにもかかわらず、である。同僚に聞いても、A店長を除き、誰もカウンターには来ていないという。

泥棒に入られてしまったのではないかと考え、彼女はひとまずA店長に報告し、謝罪をした。A店長は「いつ気づいたのか？」と彼女に問いかけた。彼女は、「雑巾をしまって、カウンターに戻ってきたときです」と答えた。

すると、A店長はニヤリと笑い、「お前がカウンターにいなかったから、俺が取ってやったんだ！」と衝撃の告白。正直に申告してしまう意味が今一つ分からないが……。

他にも、希望するシフトに入れてもらえず、仕事を干されていくという嫌がらせにもあっていた。

最後はもちろん（？）、セクハラである。A店長は、彼女がカウンター業務に就いている最中に突然、彼女の制服の間に手を滑り込ませて胸を触ってきたり、彼女の手を取って無理やり自分の性器を触らせようとしてくるということが何度もあった。もちろん、白昼の店内で堂々と、である。

自分は店長から嫌われていると思っているが、なぜセクハラのターゲットにされたのかは未だに分からないと述べていた。私は彼女の話を聞きながら、一番好きな子に優しくできないという、小学生男子特有の癖を思い起こしていた。しかし、職場は小学校ではない。職場の上司が部下に対しセクハラをするなどということは、断じて許されない。

しかし、本当の衝撃はここからである。

彼女は、A店長からシフトを減らされたことについて、専務に相談しに行った。専務の方は適切に対処したようで、A店長に対し、彼女のシフトを元通りにするよう注意した。これを受け、A店長から彼女に交付されたシフト表は元に戻されていた。

ところが、「その代わりに……」と言ってA店長が彼女に手渡したのは、解雇予告通知書であった。

解雇理由は「目押しができないこと」

その中には、数十項目にもわたる解雇理由が長々と書かれていた。中には、まったく心当たりのない事実も書かれていた。これでは自分が解雇された理由が良く分からないと考えた彼女は、A店長に対し、最も重視された解雇理由は何なのかと尋ねた。

これに対し、A店長は「目押し（筆者注：回転するリールの特定の絵柄を有効ラインに狙い撃ちすること）ができないことだ」と、冷たく言い放った。

私は衝撃を受けた。パチプロよろしく、スロットの目押しができないことには、パチンコ店のホール業務やカウンターでの景品交換業務もままならないのか……と。

この話を聞きながら、私は昔、当時大いに流行していたポケ○ンの中で出てくるスロットの目をうまく合わせられず、ゲーム友達から馬鹿にされ、対戦に入れてもらえなくなってしまったという悲しい記憶を思い起こしていた。

このパチンコ店は、本当は小学校なのではないかと訝《いぶか》しみ、私も現場を確認したが、小学校などではなく、きちんとした（?）パチンコ店であった。寒風吹きすさぶ中、パチンコ店のきらびやかな照明を見つめながら、私は、ブラック企業に勤めながら給料をもらって生活するというのは、かくも大変なことなのだと実感し、身が震える思いを味わった。

私は、パチプロの技術がなければパチンコ店で働いてはダメだという理屈はさすがにおかしい上、彼女がA店長から受けてきた被害の数々は救済されるべきだと思い、裁判所に労働審判を申し立てた。

申立てをした1週間後、専務はA店長を伴って私の事務所に急ぎ駆けつけ、話し合いによる解決を求めてきた。

何度か協議が行われたが、会社としては、この種の事件としては異例の水準の金額を支払って事を収めたいとのことであった。そうであれば彼女も納得するということで、本件は労働審判期日前に異例のスピード解決を見ることとなった（会社は解雇を撤回し、会社都合にて円満退職とする代わりに、解決金を支払うという内容で和解)。

本件は裁判外で和解にて終了したため、会社名を公表することはできないが、今も存在する会社である。本件をきっかけに、会社が管理職を適切に管理する体制を作ってくれればと強く願う次第である。

9　とあるベンチャー企業

弁護士も驚きの「ござる解雇事件」

竹村和也

入社2か月で勝手に給料を10万円減らされる

賃金減額、解雇の話をするでござる。最近担当した事件の中では、もっとも「トンデモ事件」だと思うでござる。

読者の皆さんは「この弁護士はふざけてるのか！『ござる』『ござる』言って！」とお怒りかもしれない。別にふざけていない。ご紹介する事件は、同僚に送ったメールの語尾に「ござる」と付けたことが解雇理由の一つにされていたのでござる。

Aさんからの最初の相談は、賃金を減額されたことだった。Aさんは、とあるベンチャー企業Z社に月給30万円で入社したが、与えられた仕事ができていないとして、入社2か月にして仕事を変えられ、月給も20万円に減額されたという。

2か月は早すぎる。……まぁ、早さはともかくとして、賃金を減額するには原則として労働者の同意が必要となる。同意がなければ、就業規則などの根拠が必要であり、その就業規則の内容も合理的なものでなければならない。たとえば、使用者が自由に減額できたり、大幅な減額をしたりすることを定めてもダメだ。

Aさんから就業規則を見せてもらったが、特に賃金を減額する根拠は見当たらない。では、Aさんは「同意」したのか。Aさんの話によれば、賃金減額の話をされたとき、「分かりました」と答えたそうだ。

……微妙である。Aさんとしては、「会社の考えは分かった」という趣旨だったそうだが、賃金減額に同意したとされる可能性もある。

しかし、労働事件を扱う私たちの界隈《かいわい》では、ある大事な考え方がスタンダードとなっている。それは、労働条件を不利益に変更する際の労働者の同意については、その同意が労働者の自由な意思に基づいてされたであろう合理的な理由が客観的になければならない、という考えだ。

不利益の内容や使用者の説明などからして、労働者がしっかりと不利益を理解したうえで同意したといえるのか厳しく判断する。労働者は使用者より弱い立場に置かれており、使用者からの不利益な提案を拒否するのは大変なことだ。そういう実態からすれば当然の考えである。

Aさんの件も、よくよく考えると2か月しか働いていないのに10万円の大幅な減額である。

そんなのに普通は同意しない。しかし、入社したばかりのAさんは、職を失うのが怖くてはっきり拒否できなかった。

Z社はそこにつけこんだ。そんな賃金減額は認められない。私からのアドバイスを受けたAさんは、それから毎月、Z社に対して減額分の賃金を請求する内容証明郵便を送り続けた。

減額に物申したら退職勧奨、そして解雇

しかし、Z社は減額分の賃金を支払おうとしない。支払わないどころか、入社から半年も経っていないのに、なんと退職勧奨を始めた。早すぎる。話を聞いても、退職する理由などない。私は、Aさんに絶対に退職勧奨に応じてはダメだとアドバイスをして、Aさんも頑張った。

すると、Z社は入社して7か月程度のAさんを解雇した。……早すぎる。……この会社は何でも早すぎる。解雇通知には「能力が不足しているため」としか書かれていない。

私は、Aさんに、解雇理由について具体的事実を示して明らかにするため、解雇理由証明書の交付を請求するようにアドバイスした。

しかし、Z社から示された解雇理由は「能力が不良で就業に適さない」「協調性を欠くことにより業務に支障がでている」という抽象的なものだった。よくあることである。

このような会社は、裁判や労働審判になってから解雇理由を具体的に出し始める。本当はそのような後出しジャンケンのようなことは許されるべきではないが、裁判所はなぜか許している（もっとも、訴訟などになってから出し始めても説得力がないことも多い）。

とにもかくにも、Aさんは、賃金減額と解雇は無効であるとして、裁判所に訴えた。

Z社から答弁書が出された。

「後出し」の解雇理由を見る。

予想したとおり、抽象的な「能力不足」が書かれている。しかし、ひときわ輝く（？）解雇理由があった。

「他の同僚に対し、語尾に『ござる』をつけたメールを送信して困惑させた」というものである。

「え、同僚に『ござる』を使ったら解雇？」

こちらが困惑した。瞬間、私はこの事件を「ござる解雇事件」と名付けた。別にふざけているわけではない。そんな理由しかあげられない酷い解雇であることの象徴である。Aさんが賃金減額にもめげず、会社に「はむかってくる」ことへの報復ではないか、そんなふうに推測した。

クビにしたい一心で作られる解雇理由

訴訟のなかでZ社は、「ござる」をはじめとしてAさんにコミュニケーション力がないことを取り上げてきた。顧客でなく同僚に対するメールで「ござる」を語尾につけるのが、なぜコミュニケーション力がないことになるのか、なぜ「業務に支障が出る」のかまったく分からない。嫌だったら、「『ござる』は付けないでください」と言えばいい。

私なんて、同僚に対するメールで語尾に「〜でやんす」とか普通に使う。もちろん「ござる」もだ。

こんなことを解雇理由にすることに、ショックを受けた。むしろ、こんなことで解雇するほうが、コミュニケーション力がない。実際、Z社の経営者は、Aさんに対してパワーハラスメントを行っており、Z社の経営陣のほうにコミュニケーション力がないことが明らかになった。

訴訟では尋問も行った。Z社はAさんを辞めさせたいという目的ばかりが先行して、解雇理由はその後付けに過ぎないことが浮き彫りとなった。私は、経営者に対する尋問の最後に「こんな解雇してはダメでござるよ！」と言っておこうと思ったが、裁判官が経営陣を十分にしかりつけたのでやめにした。

訴訟は和解で終わった。賃金減額も解雇も認められないことを前提に、未払い分の賃金全額に加えて、○年分の賃金を支払うという内容だった。やっぱり言わせて欲しい。こんな解雇してはダメでござるよ。

第六章

ブラック企業による「人災」労働災害の実態

1　スクラップ・リサイクル業者

パワハラでうつになった証拠を労基署が1年半も放置

塩見卓也

妻の機転でボイスレコーダーを持って

本書で紹介されてきた事例のなかに、「毎日長時間働き続けて、病気になった」「上司から酷いパワハラを受けて、うつ病になった」というような話がよく出てくる。もし、長時間労働やパワハラが原因で病気になり、働けなくなったら……そんなときに、会社も国も何の保障もしてくれないなら、生活が維持できなくなってしまう。

そんな病気になってしまった方のための法的な救済手段は、いくつか考えられる。その一つに、労災保険法に基づく労災申請がある。労働基準監督署に対し労災申請を行い、病気になったことが、仕事をしていたことによる負荷が原因であると認められれば、入通院にかかった費用や、病気で働けなくなった期間の給料の8割、さらに障害が残ってしまった場合の補償などの給付が国から受けられる。

でも、病気になり、労災申請をしても、労働基準監督署がその判断を放置してしまったら……これから述べるのは、会社から酷い目に遭わされた上に、労災の判断が非常に遅れてしまったために、その間大変な思いをされた方のお話である。

Xさんは、スクラップ・リサイクルを事業とする会社で、職人的技能を持つ叩き上げの従業員として、長年働いてきた。若いころから、長時間労働も苦にせず、バリバリと働いてきた。

そんなある日、Xさんは上司から「職場にやってきた顧客に顎《あご》で指図した」との理由で強い叱責を受けた。Xさんとしてはそんなつもりはまったくなく、単にXさんのちょっとした仕草が上司に「そう見えた」という程度の出来事であった。

その叱責のあった3日後、Xさんは上司から、この「顎で指図した」件で、終業後の夜19時から話し合いがあると言われた。18時に一旦帰宅した後、19時に妻の運転で送ってもらい、再び会社に出た。

Xさんの妻は、「嫌な予感がする。今日の話し合いは、ボイスレコーダーで録音しといて」と頼み、Xさんはこの日の「話し合い」を録音した。Xさんの妻は、話し合いは長くても2時間くらいだろうと思い、会社の近くのコンビニ駐車場で待つことにした。

しかし、それから3時間、4時間と時間が過ぎても、Xさんは出てこない。その間Xさんは8名の上司に取り囲まれて、「会社に居場所はないねん。どこの部署も要りませんってゆうてんねん」「明日からどうすんねん」などなど言われ続けていた。「話し合い」からほど遠く、Xさんに自分から「辞める」と言わせようとするための糾弾が、延々5時間続いたのだった。

最後まで、自分から「辞める」とは言わず、その「話し合い」の場から出てきたXさんは、ふらふらと妻の待つコンビニまで歩いてきたが、妻の姿を見た途端、その場で泣き崩れた。Xさんの精神状態はこの日を境に決定的に悪化した。

Xさんはその後、仕事中にパニック発作を起こすなど、明らかに以前とは異なる状況となってしまう。そんななかで、会社は、さらにXさんに対し、通勤に片道2時間半以上かかる場所への転勤を命じた。ついに出勤することもできないほどに、Xさんの病状は悪化した。

Xさんとその妻は、1人でも入れる労働組合の「きょうとユニオン」に相談し、組合を通じて会社と話をしながら、組合と私の助けを借りて、精神疾患の労災申請を行った。働けなくなってからの生活は、ひとまず健康保険法上の「傷病手当」を受給することで維持することにした。この「傷病手当」は、労災のように、「仕事が原因で病気になった」ことの証明がなくても、「病気で働けなくなった」という事実があれば、最大1年半、給料の3分の2の給付を受けることができるものである。なので、この給付で生活を維持しながら労災手続をとるというやり方は、よく用いられている。

決定的証拠を労基署が1年半も放置

われわれは、決定的な証拠である、8名の上司による5時間にわたるXさんへの糾弾の録音が残っているので、労災が認められるのはそんなに難しいことではなく、時間もそんなにかからないだろうと思っていた。ところが、労災申請から1年半が過ぎても、労働基準監督署からの判断は出なかった。そうして時間が過ぎる間に、Xさんの傷病手当は受給期間が切れてしまい、それからしばらくして、なんと、労災申請を却下する通知がXさんに届いたのであった。

厚生労働省の内部基準では、精神疾患の労災申請は、半年を目処《めど》に判断を出せるようにするべきものとされている。でも実際には、判断が出るまでに1年ほどかかる事例はざらにある。それでも、1年半はいくら何でも長すぎる。しかも、傷病手当の給付が切れてしまった直後に却下通知が来るなんて、すでに会社で十分酷い目にあったXさんにとって、あまりにも残酷すぎる現実であった。

私は、Xさんを代理して、すぐ異議申立手続である「審査請求」を申し立て、さらにXさんには、労働局への「個人情報開示請求」で、Xさんの労災調査記録を取り寄せる手続をとってもらった。

個人情報開示の記録を見て、私は、「なんでこの内容で認められへんねん！」と声を出してしまった。調査記録を見ると、5時間にわたる糾弾の事実のほかに、その糾弾があった日の直前まで、恒常的に1か月80時間以上、多いときで1か月100時間以上の長時間残業があったことが記録に残っていた。この長時間労働の事実と、5時間にわたる糾弾の事実を併せて評価すれば、簡単に労災が認められてもおかしくない内容であった。労災手続の担当官が、この長時間労働の事実の評価を誤ったものとしか考えられなかった。

審査請求の手続では、この長時間労働の事実評価の誤りを指摘する書面を作成して提出した。そして、その年の3月末、ようやくXさんの労災は認められることになった。最初の労災申請から、実に2年半後である。これで、Xさんには労災の給付が出る上に、今後はXさんに対する安全配慮義務違反を根拠に、会社に対し損害賠償請求を行うことも可能となった。会社との交渉は、まだ始まったばかりである。

政府が「働き方改革」を喧伝する裏で

ここまでXさんの話を読まれた方は、会社がXさんにやったことが酷いと感じるとともに、「なんで労働基準監督署は1年半も放置して、その上に杜撰な判断をしたんだ」とも感じられると思う。しかし、この労働基準監督署の対応については、あながち、個々の現場の担当官を責められない事情もある。

政府は、「働き方改革」を称揚し、「労働基準監督官の数を増やしています」と喧伝《けんでん》している。たしかに、労働基準監督官の採用人数は増えている。

しかし、労働行政全体で見れば、職員の数は年々減らされている。地方労働行政職員の数は、2000年度に2万3533人だったのが、18年度には2万495人と、18年間で3000人以上減らされた。とくに、08年から10年間、労災部門を担当する事務官と、労働安全衛生部門を担当する技官の新規採用は停止されていたのだ。

そのため、難しい労災申請案件であっても、労災専門の事務官でなく、新人の労働基準監督官が担当する、という事態が実際に生じている（Xさんの事例もそうである）。

精神疾患の労災申請件数は年々増加しているのに、担当官は減らされ、ベテランの労災担当官の知識・能力が伝承されない。ますます忙しくなる上に、ノウハウも伝わらず「わからない」からこそ、事案放置や誤った評価による判断がなされてしまうことが有り得る。これは、「政治の失敗」と言わざるを得ない（この問題は、18年7月23日東京新聞朝刊も取り上げている）。

長時間労働も厭《いと》わず会社のために働き続けてきたのに、会社から酷い仕打ちを受けたXさんが、そんな「政治の失敗」のために、さらに労災行政からも酷い目にあわされる。こんなことをこれ以上繰り返してはならない。「働き方改革」を称揚するなら、政府は、労働行政担当官の拡充などの、より現実的な施策をとるべきだと強く思う。

ともあれ、Xさんの具体的な救済は、2年半を経て、やっと会社との関係でも現実的解決を目指せる段階に入った。この件については、まだまだ気を緩めずに取り組みたい。

2　カラオケチェーン、チョコレートの販売会社

若くても過労は命を奪う…事件からの警告と高プロの危険性

蟹江鬼太郎

若くても長時間労働は命を奪う

２つの過労死事件について言及したい。

１つめは、カラオケチェーン管理職の事案である。この男性（32歳）には、専業主婦の奥様と子ども２人がいた。ところが、担当業務の追加という出来事があったわずか半年後に、心筋梗塞《こうそく》でお亡くなりになってしまった。

この男性は、２０００年にカラオケチェーンに入社して、店員や店長などを経て、管理職に昇進した。直近では、管理職として各カラオケ店舗を見回りして、売上管理、社員育成、接客指導等を行ってきた。カラオケ店であるから、昼から深夜にかけて営業していることが多く、男性は、昼間から夜間にかけて、自ら自動車を運転して各カラオケ店舗を巡回し接客指導などを行っていた。したがって、業務時間はお昼ごろから深夜にかけてであった。

ところが、12年６月、男性の仕事に工事担当の業務が加わることとなった。工事担当の業

務とは、新規店舗の開店に向けての工事、旧店舗の修繕工事、メンテナンス等である。この仕事は、カラオケ店舗が開いていない時間に行われることが多いため、男性は朝から昼にかけても働かなくてはならないこととなった。こうして、男性の労働時間は朝から深夜までということとなり、かなりの長時間労働に及ぶこととなった。

労基署が認定した男性の「残業時間」は、以下のとおりである。

【労基署認定時間外労働時間】
直前6か月（6月〜）66時間38分
直前5か月（7月〜）91時間00分
直前4か月（8月〜）67時間30分
直前3か月（9月〜）１０１時間１分
直前2か月（10月〜）１１１時間16分
直前1か月（11月〜）51時間47分

6月以降、残業時間が増え、9・10月には１００時間を超えていたことがわかる。

このケースでは、6月に工事担当という新規業務の担当となり（出来事）、その後、月に

100時間を超える「残業」が認められたことから、労災と認められた。若い方でも、異動などの出来事から半年もあれば、時には死にまで至ってしまうという意味で、非常に痛ましい事件であった。

ちなみに労災認定でいう「残業時間」とは、週40時間を超える労働時間をいう。例えば、週47時間働けば、その週の「残業時間」は7時間ということとなる。

ただし労働基準監督署は、働いていたという「きちんとした」証拠がない限り、残業時間を認定してくれない。

例えば、自宅にPCや資料を持ち帰って残業（持ち帰り残業）をしていたとしても、ほとんどのケースでは、それは「残業時間」と認められない。労基署が認定する「残業時間」は、タイムカードや入退館記録などの固い証拠に支えられた確実な部分に限られているのであり、「残業○時間で過労死」などの報道についても、そのような視点で見る必要がある。

出向から3か月足らずで過労死

2つ目の事件に言及したい。これは、31歳の男性が、出向という出来事の後の過重労働によって、心身の不調をきたし自死してしまった事案である。

この男性は、04年に大学を卒業し、その後、アウトソーシング事業を営む会社の正社員となった。男性は、以降、コールセンター（保険会社のお客様センター）管理、新設、立ち上げなどの業務に従事してきた。

ところが、11年10月、会社は男性に対して、関連会社への異動（出向）を命じた。

関連会社は、チョコレートの製造販売会社であり、複数の百貨店等でチョコレートを販売する会社であった。男性は、このチョコレート販売会社で、在庫管理、店舗管理、店舗のアルバイト人材の管理など、これまでとはまったく違った業務を担当することとなった。

しかし、この会社は設立後1年しか経っておらず、もろもろのシステム等が未整備の会社であった。在庫管理システムもまだ完成しておらず、倉庫会社のミスなども重なり、トラブルが続いた。男性の残業時間はどんどん増えていった。また、男性は、社長ら上司から厳しい叱責を重ねて受けるようになった。

労基署が認定した「残業時間」は以下のとおりである。

【労基署認定時間外労働時間】
直前6か月（6月～）40時間
直前5か月（7月～）1時間
直前4か月（8月～）11時間30分

直前3か月（9月〜）46時間38分
直前2か月（10月〜）106時間30分
直前1か月（11月〜）170時間5分

9月まではそれほど「残業時間」がなかったが、出向があった10月以降は、月106時間、月170時間と異常な長時間残業が認定されている。

男性は、12月28日に会社の非常階段で自死してしまった。

このケースは、出向という出来事があった後に長時間労働があり、また、パワハラ的言動も存在したとして労災と認定された。このケースは、体力のある若者であっても、出向という出来事に長時間労働などが重なれば、わずか3か月程度で、自死にまで至ってしまうという痛ましい事件であった。

電通の高橋まつりさんの事件も、10月に本採用による業務量増加という出来事があり、その3か月後の12月末に自死に至ったのであり、このケースとほとんど同様の経過をたどっている。

なぜ「高プロ」が危険なのか

さて、2つの事件を通して、3点ほどお伝えしたいことがある。

まず、新規業務、異動、配転などの出来事があると、人間の心身に大きな影響を及ぼすということである。人間にとって何がストレスになるのかという研究も行われており、自分の結婚や子どもの独立など好ましい出来事であっても、やはり環境の変化があれば、人間にとってはストレスになることがわかっているようである。

転職、異動、昇進、業務内容の変化、人員の変更など、環境の変化があった際には、自分はもちろん同僚、部下、上司の心身も少し気を配るようにされると良いかもしれない。

次に、「長時間労働」についてであるが、長時間労働そのものよりも、長時間働くことによる「睡眠不足」が問題視されていることを覚えておいてもらえればと思う。医学的には、睡眠時間が減ると、血圧が上昇したり、心臓の鼓動が乱れるなどし、脳や心臓に大きな負担がかかることが判明している（「脳・心臓疾患の認定基準に関する専門検討会報告書」01年11月15日）。また、睡眠時間が減ることで、思うように仕事が遂行できなくなり、会社や上司や自分の要求水準に到達できなくなって、挫折《ざせつ》を覚え、メンタル疾患を発症するのではないかとの分析もある（加藤敏『職場結合性うつ病』金原出版ほか参照）。

自分はもちろん、同僚、部下、上司やあるいは自分の家族が十分睡眠が取れているかどうかについては特に気を配っていただきたいと思う。

最後に、紹介した2つの事例も、それからその他の事例でも、労災認定にまで至った事案では、残業代が支払われていないケースがとても多いことを指摘しておきたい。

残業代を支払わない→従業員の労働時間に無関心→長時間労働の放置、といったメカニズムが働いてしまっているものと思われる。残業代は、長時間労働に対する歯止めという役割を果たしていると感じている。その意味で、「高度プロフェッショナル制度」など残業代支払義務を撤廃してしまう制度には、心配を覚えるし、個人的には反対である。

付録

知っておきたい
働く人のためのキーワード

会社に酷使、搾取されないために。
労働にまつわるキーワードをピックアップ。
知識を身につけて自分を守ろう！

キーワード①　労働時間規制
キーワード②　求人詐欺
キーワード③　使用者の義務
キーワード④　就業規則
キーワード⑤　固定残業代制
キーワード⑥　裁量労働制
キーワード⑦　出産、子育て
キーワード⑧　安全配慮義務
キーワード⑨　過労死ライン
キーワード⑩　労災
キーワード⑪　労働審判

キーワード①

労働時間規制

知っているようで知らない働く時間の決まりごと。残業代で稼ぐ、残業代不払いは要注意

□残業代は使用者へのペナルティ

残業代は、労働基準法で定められた労働時間を超えて労働した分等に対して支払われる割増賃金です。労働基準法32条は、労働時間の上限について1週間に40時間まで、1日に8時間までと定めていますが、これを超えて働かせるためには、第三章7（P167～）等で触れられている労使協定（いわゆる「36協定」）をあらかじめ締結して所轄労働基準監督署長に提出する（労働基準法36条）とともに、表のとおり割増賃金を支払う必要があります。

このようなルールは何を目的にしているのでしょうか。それは、

①時間外労働等を抑制して労働時間規制を使用者に守らせること

②労働者への補償

とされています。

労働者にとっては、1日に8時間を超えた時間外の労働や深夜勤務、休日勤務によって、睡眠時間が削られ、十分な休息がとれない状態となってしまいます。このような働き方が続けば、当然精神的にも肉体的にも負担が増え、最悪の場合は過労死（P304～参照）に至りかねません。他方で、使用者はともすると利潤追求のために労働者を長時間働かせてしまいがちです。

しかし、長時間労働等によって労働者が不利益を被るのはもちろん、実際は使用者においても

種類	支払条件	割増率
時間外手当	法定労働時間（1日8時間・週40時間）を超えたとき	25%
	時間外労働が限度時間（1か月45時間、1年360時間等）を超えたとき	25%
	時間外労働が1か月60時間を超えたとき	50%
休日手当	法定休日（週1日）に勤務させたとき	35%
深夜手当	22時から5時までの間に勤務させたとき	25%

※上記の支払条件が重なった場合、割増率が合算される。例えば、時間外かつ深夜労働の場合、25%＋25%＝50%の割増率となる

営業に支障が出ることとなるため、長時間労働が蔓延《まんえん》することは社会全体にとって害でしかありません。

そのため労働基準法は、「36協定」なしで残業させることに刑事罰を科しました。その上、残業代という通常より多い賃金を支払わせるペナルティを課すことによって、長時間労働を抑制し、労働時間規制を守らせようとしたのです。残業代をなるべく少なくするために使用者としては残業指示を控えるでしょうし、残業代を支払う以上、使用者は残業時間をきちんと把握しようとするでしょうから、結果として長時間労働が抑制されると考えられたのです。

□その他の労働時間に関する規制

その他にも労働時間に関する規制として、労働基準法34条は、連続で働き続けることによる負担を軽減するために、労働時間が6時間を超

える場合は45分以上、8時間を超える場合は1時間以上の休憩を必ず与えなくてはならないとしています。休憩は原則として労働者に一斉に与えられ、かつ労働から完全に離れた時間とされなければなりません。

また労働基準法35条は、少なくとも毎週1日の休日か、4週間を通じて4日以上の休日を与えなければならないとしています。

そして、特に目を向けたいのが、最近の法改正によって導入された時間外労働の労働時間の上限に関する規制です。時間外労働も無制限にできるものではなく、原則として月45時間まで、年360時間までとなり、臨時的な特別の事情がなければこれを超えることができなくなっています。

長時間労働が問題視されていたトラックドライバーにも2024年4月から上限規制が適用されるようになりました。ただし、その上限は通常よりも長い年960時間です。

これによって輸送能力が減ることが、いわゆる「2024年問題」と言われています。しかし、上限規制によって荷待ち時間の削減や作業の削減、再配達の削減等が求められるようになり、労働条件が改善するといった影響が生じていますので、労働者の健康にとっては良い規制です。

□残業代を計算してみよう

ここで、試しに残業代を計算してみましょう。

まず、第三章2（P133〜）のように1時間当たりの賃金（時給）を計算します。その上で、例えば、時給換算で1200円の場合、1時間残業すると1・25倍の1500円が残業代となります。また、深夜に残業した場合、1時間残業すると通常の割増分1・25倍に深夜分の割増0・25倍が加わり合計1・5倍となり、1800円が残業代となります。

上記の方法で大まかな計算はできるので、もし残業代が払われていないことが気になったら、試しに計算してみると「おや？　こんなに支払われていないなんておかしいぞ⁉」と思えるかもしれません。

□働く際に気を付けるべきこと

労働時間に関する規制は重要なルールですが、残念ながらきちんと守られていない職場も多く存在します。働く上では以下のことに気を付けるといいでしょう。

①残業代を払わない職場は「おかしい」と気づいてください。

上記のとおり、残業代は労働者を守るための労働時間規制、これを機能させるためのペナルティです。残業代を支払わない使用者は、負担を受けた労働者に対する補償も行わないし、労働時間もきちんと管理しないし、何より長時間労働の抑制も行う気がないということですから、労働者を大切に扱うはずがありません。残業代を払わないことはただケチなだけでなく、使用者の労働者への姿勢が見えるのです。

②残業代は1分単位で支払いを

細かい例外もありますが、残業代は1分単位で計算して支払う義務があります。例えば「15分未満は切り捨て」というのは原則違法ですのでご注意ください。

③労働時間を立証できるものを残しましょう

タイムカードなど労働時間を立証できるものはしっかり残しておくことをオススメします。職場で作られた記録以外にも、家族への「これから帰るよ」といったメールやLINE、グーグルマップのタイムラインのような行動記録など の私的な記録も有用な証拠となりうるため、消さずに残しておきましょう。労働時間を記録することは使用者の義務ですが、きちんと記録していないことが多いです。したがって、働きすぎていないかの確認や紛争になった場合の証拠として自ら記録を残しておくことが必要不可欠です。

④労働には正当な対価を

ケースバイケースではありますが、一般的に朝礼の時間、昼休憩時の電話当番、制服への着替えの時間、お客様を待っている時間、(夜勤時の)仮眠時間、研修、準備や後片付けの時間については労働時間とされます。また、所定労働時間後ではなく、その前の早出残業もれっきとした時間外労働です。労働時間とされるべきなのに残業代含め対価が支払われていないと感じたら迷わず弁護士に相談しましょう。

⑤ワークルールを身につけましょう

締結・届け出がないと刑事罰が科されるような36協定さえ知らないブラック企業もあります。労働者を軽視して労働時間をきちんと把握・管理せず、労働者を働かせすぎている職場は多いです。①でも述べたように、残業代を支払わないということだけでも使用者の労働者への態度がよく分かります。少しでも早く「この職場はおかしい」と気づけるように、ワークルールを身につけておくとよいでしょう。 (畑福生)

キーワード②

求人詐欺

「聞いてなかった…」と泣き寝入りする必要なし。

会社に加え、紹介した会社も罰則の対象に

□「求人詐欺」問題とは？

近年、労働者と会社などの使用者との契約についていわゆる求人詐欺が社会問題となっています。この求人詐欺とは、職業紹介など求人の際に明示された労働条件と実際の労働条件が異なることによって生じる問題のことをいいます。たとえば、下記の事案があります。

①実際に支給された賃金額が求人票で説明された賃金額よりも低額であった事案（八須測量事件：東京高判昭和58［1983］年12月19日）
②求人票上では契約期間の定めのない労働契約であったのに対し、途中で6か月の契約期間のある労働契約に変更する合意をさせられてしまった事案（千代田工業事件：大阪高判平成2［1990］年3月8日）
③ハローワークの求人票には「期間の定めなし」、「定年なし」という労働条件であったのに対し、実際の労働契約では契約期間が「1年」、定年年齢が「65歳」とされた事案（福祉社団法人A事件：京都地判平成29［2017］年3月30日）
④募集要項上「業務形態」が「正社員」とされて労働契約を締結したものの、契約後に渡された雇用契約書上では契約期間がある労働契約とされた事案（司法書士法人はたの法務事務所事件：東京高判令和5［2023］年3月23日）

そのほか、求人票上では「残業なし」などとしておきながら、実際は残業命令を出される例なども存在します。

□裁判所の判断とは

求人詐欺の事案において問題になるのは、当

該労働者と会社との間の労働契約の内容が求人募集の内容のとおりなのかどうか、という点です。

この点について裁判所は、求人募集は労働者が契約を申し入れるきっかけに過ぎないとして、求人募集において提示された労働条件が直ちに労働契約の内容になるわけではないと判断していました。もっとも、裁判例の多くは、採用段階において両当事者間で求人内容と異なる内容の合意をしたなどの「特段の事情がない限り」、求人広告の内容は労働契約の内容となると判断しています。

□求人情報に関する法規制

法律には、求人内容と労働契約の内容が異なるような事態を避けるための規制があります。以下では、その内容をご紹介します。

そもそも会社が労働者を募集する方法としては、国の職業紹介機関（いわゆるハローワーク）等が行う職業紹介や自己またはその他の第三者に委託して募集する方法があります。他方、近年は労働者を募集する会社が、単に求職者に情報を提供する「募集情報等提供」と呼ばれるサービスを行う会社に求人内容を周知させることもあり、その方法は多様化しています。

これらに共通して必要なことは、正確かつ最新の求人情報の提供により、求人詐欺被害のような弊害を生じさせないことです。そこで法律は、近年の法改正等により、以下のような法規制を行っています。

①求人の申し込みを行う際の労働条件の明示

求人者（求人募集をする会社のこと）は職業紹介事業を行う者（公共職業安定所、特定地方公共団体、職業紹介事業者のこと）に対し、また、職業紹介事業を行う者は求職者に対し、従事すべき業務の内容、賃金、労働時間その他の厚生労働省令で定める労働条件を、同省令で定める方法により、明示する必要があります。

具体的には、業務内容、契約期間、試用期間、就業場所、労働時間、賃金、社会保険・労働保険等については、書面（被交付者からの希望がある場合にはファイル記録や書面化が可能な電子メールでもよいとされます）によって形に残るように明示しなければなりません（職安法施行規則4条の2）。

これにより、ハローワークなど労働者と会社の間に介在する存在がある場合であっても、募集内容に齟齬《そご》が生じないようになっています。もしも、求人者が上記の方法による労働条件の明示を拒んだ場合、職業紹介事業を行う者は、求人者による求人申込みを受理しないことが可能です（職安法5条の5）。

加えて、募集段階で明示していた労働条件を労働者との労働契約締結前に変更する場合、契約締結前に、労働者になろうとする者へ書面の交付等の方法で変更された労働条件を明示する必要があります（職安法5条の3第3項、4項、同法施行規則4条の2第4項）。

これらの規制に違反した場合、2022年の法改正によって、職業紹介事業を行うもの及び求人の申し込みを行った会社も罰せられるようになりました。

②求人広告等に掲載する情報は正確かつ最新でなければならない

22年の法改正によって、新たに求人等に関する情報の的確表示を義務付ける規定が設けられました。

具体的には、公共職業安定所、特定地方公共団体、職業紹介事業者、労働者の募集を行う者、労働者供給事業者は、書面・インターネット等の広告等（職安法施行規則4条の3第1項）により、求人情報、求職者情報、求人企業に関する情報、自社に関する情報、事業の実績に関する情報を提供するときは、虚偽の表示または誤解を生じさせる表示をしてはならない（職安法5条の4第1項）ことになっています。

労働者の募集を行う企業及び労働者の募集の委託を受けた者は、広告等により求人情報、求人企業に関する情報、自社に関する情報、事業の実績に関する情報（職安法施行規則4条の3第3項）を提供するときは、正確かつ最新の内容のものを提供しなければなりません。

③募集情報等提供事業者に対する規制

労働者を探す会社から、募集情報を求人情報サイトに掲載することだけを委任される事業者や、ネット上の公表情報を収集する求人メディア（募集情報等提供事業者）は、契約成立のあっせんや勧誘自体を行わない点でこれまで述べてきた職業紹介や委託募集とは異なり上記の法規制が及ばず、掲載された情報が実態と異なることが問題視されていました。

そこで、22年の法改正により、これらの事業者についても、行政機関の監督を受けることになり、またそこで掲載する求人情報は正確かつ最新の内容を保つことが義務付けられることになっています。

□求人詐欺被害に遭わないために

求人詐欺被害に遭わない方法は3つある。

1　求人段階ではどのような労働条件が明示されていたのかをはっきりさせるために、募集要項が記載されている紙やウェブページを保存しておくこと

2　面接などで求人と異なる労働条件が提示された場合、どのようなやり取りがされたのかを

録音またはメモすること
3　絶対に、納得できない労働条件が記載された契約書に署名押印しないこと
求人詐欺被害に遭わないためにはこれらが重要です。もし署名押印したとしても遅くはありません。求人詐欺被害に遭ったと思った段階で、専門家に相談することが一番重要です。

（中村紘己）

キーワード③

使用者の義務

雇用側の義務を知ってさらに身を守ろう。内定取り消しや配置転換にも法律の規制あり

□働くための大前提
労働契約は、労働者が使用者に使用されて労働し、使用者がこれに対して賃金を支払うことを、労働者及び使用者が合意することによって成立します（労働契約法6条）。労働契約も契約ですから、契約自由の原則に基づき自由にその内容を定めることができるはずです。しかし、労働者は使用者の指揮命令下にあることや、使用者に比べ経済的に弱い立場に置かれることが多いため、労働関連の法規によって契約の自由に制限を加えることにより、労働者の保護が図られています。

このような考え方のもと、労契法3条は労働契約に関する基本原則として、

①労使対等合意
②均衡考慮
③仕事と生活の調和への配慮
④信義誠実原則
⑤権利濫用禁止

の5つを定めており、労働契約はこの基本原則を順守することが求められます。

また、職場内の規律や労働条件については就業規則でも定められ、就業規則で定める基準に達しない労働条件を定める労働契約は、その部分については無効となります。なお、無効となった部分は就業規則で定める基準が適用されます（労基法93条、労契法12条）。

□労働条件の明示

1　全労働者に共通する規律

（1）基本的な規律

労働契約自体が基本原則に則って合意されたとしても、契約内容が不明確であったり、後になって契約内容と異なる労働実態が問題となったりすることがあります。

このため使用者には、労働契約締結に際し労働条件を明示することが義務付けられています（労基法15条1項）。

明示すべき労働条件は、契約期間、就業場所、従事すべき業務、労働時間、賃金、及び解雇を含む退職に関する事項等、労働契約の根幹をなす内容のほか（以上の事項については定める事項が明らかとなる書面の交付により明示しなければなりません。労基法15条1項後段、労基則5条3項、4項本文）、退職手当、臨時に支払われる賃金等、労働者負担の食費等、安全衛生、職業訓練、災害補償・傷病扶助、表彰・制裁に関する事項、及び休職等も含まれます。

（2）2024年4月1日以降、追加となった規律

将来の紛争予防の観点から労働基準法施行規則が改正され、24年4月1日以降は、就業場所や業務内容の「変更の範囲」を明示することが

新たに義務付けられるようになりました。このため、将来的に配置転換や在籍出向の可能性がある場合には、配置転換や在籍出向先の場所や業務の内容についても、労働契約締結時に明示しなければなりません（改正労基則5条1項1号の3）。

2　パートタイム労働者・有期雇用労働者について

（1）基本的な規律

所定労働時間が通常の労働者に比べて短いパートタイム労働者や、有期雇用労働者については、いわゆる非正規雇用の不安定さや正規雇用との待遇格差による不利益を防止する必要があります。このため、使用者である事業主には、上記1の原則的な規律に加え①昇給の有無、②退職手当の有無、③賞与の有無、④相談窓口について、文書の交付等で労働者に対して明示することが義務付けられ、義務に違反した事業主に対しては10万円以下の過料の制裁が科されます（短時間労働者及び有期雇用労働者の雇用管理の改善等に関する法律6条2項、31条）。

また、有期労働契約については、不当な拘束を防ぐ趣旨で、契約期間の上限は原則として3年と定められています（労基法14条1項柱書）。上記期間中は、使用者はやむを得ない事情がある場合でなければ、期間途中の解雇はできません（労契法17条1項）。一方で労働者は契約日から1年を経過した日以降は、いつでも退職することができます（労基法附則137条）。

なお、有期労働契約の契約期間については、必要以上に短い期間を定め、複数回反復して更新することのないように、契約期間の定め方に配慮をすることも求められています（労契法17条2項）。

（2）24年4月1日以降、追加となった規律

前述の規則改正により24年4月1日以降は、有期労働契約の締結時と更新時には、通算契約期間や更新上限を文書の交付等で明示するほか（改正労基則5条1項1号の2）、更新上限を新設・短縮しようとする場合には、その理由を労働者に明示することが義務付けられました（改正有期労働契約の締結、更新、雇止め等に関する基準［以下「改正雇止めに関する基準」］1条）。

なお、これに関連し、有期雇用労働者の労働契約についての基準が改正され、有期労働契約の無期転換申込み権が発生する契約の更新時には、無期転換を申し込むことができる旨を書面により明示することも義務付けられました（改正労基則5条5項、6項）。併せて、無期転換後の労働条件についても文書の交付等による明示をするとともに、労働条件について、就業実態に応じ、他の通常の労働者との均衡を考慮した事項については、説明に努めることが求められています（改正雇止めに関する基準5条）。

□採用内定、試用期間

1　採用内定

労働契約締結の前段階として、採用内定を経ることがあります。採用内定通知は、その後に労働契約締結のための特段の意思表示が予定されていない場合には、通知をもって始期付き・解約権留保付き労働契約が成立すると考えられており（大日本印刷事件、最二小判昭54［1979］・7・20民集33・5・582参照）、通知後の一方的な内定取り消し（解約）は解雇（労契法16条）にあたるとされています。

使用者は、採用内定通知をもって労働契約関係に入ることを踏まえ、客観的合理性や社会的相当性を欠いた安易な内定取り消しを行わない

ように、留意しなければなりません。

2　試用期間

日本の労働慣行においては、採用にあたり試用期間を設け、労働者が適性を欠くことが明らかとなった場合には本採用を行わないとの条件を付すことがあります。この試用期間についても、解約権留保付きの労働契約であると考えられており、試用期間後に本採用を拒否する場合には、解雇権濫用法理の適用があると考えられています（三菱樹脂事件、最大判昭48［1973］・12・12民集27・11・1536参照）。

また、本採用への適否を判断するための期間であるとの趣旨・目的に照らし、必要以上に長期に試用期間を設けることは、公序良俗に反して無効であると評価される場合があります。

使用者は、試用期間を設けるとしても合理的な期間に限定し、労働者を不安定な状況に置くことのないように留意しなければなりません。

□契約締結過程における信義則上の義務

労働契約締結へ向けた交渉において、その過程で形成された信頼を損なうことによって求職者の利益を侵害した場合には、事業主は損害賠償責任を負うことがあります。契約が成立していない段階では労働契約上の権利義務は未だ発生していませんが、契約締結過程における信義則上の義務違反にあたると考えられるためです。

たとえば、事業主が求職者に対し、自社への転職を勧誘して前職を退職させたにもかかわらず、当初提示した労働条件を一方的に変更する等して労働契約締結に至らなかった場合には、求職者の安定した職を失わせた責任について損害賠償が命じられる可能性があるため、採用活動において十分に留意する必要があります。

（中川裕子）

キーワード④

就業規則

見たことありますか？　あなたの職場のルール。会社が見せたがらないときは要注意

□就業規則とは

日本では、労働条件や職場規律などの職場のルールを、就業規則という形で定めている企業がほとんどです。学校の「校則」をイメージすれば、わかりやすいでしょうか。

就業規則は、使用者側が一方的に決めるものですが、一定の要件を満たせば、労働者を拘束する有効なルールとなります。逆にいえば、要件を満たさない就業規則は、無効になります。

なお、就業規則という名前の本体とは別に、「賃金規程（規則）」や「退職金規程（規則）」といった名前のルールを設けている企業もありますが、これらも就業規則の一種です。

□法律が義務付けるルール作り

労働基準法は、「常時10人以上」の労働者（正社員、契約社員、アルバイトやパートなどすべての労働者を含みます）がいる使用者に、就業規則の作成義務を負わせています（労働基準法89条）。

「常時10人以上」ですから、普段は10人未満しか労働者がいないけれど、忙しいときは10人を超えるような職場は、含まれません。逆に、普段は10人以上いるけれども、一時的に10人未満になった場合は、「常時10人以上」に含まれます。

作成義務を負う使用者は、作成・変更する就業規則について、その事業上の労働者の過半数で組織された労働組合か、それがない場合は労働者の過半数の代表者の意見を聴かなければなりません（労働基準法90条）。あくまでも意見を聴く義務なので、労働者側の同意を得る必要まではありません。

使用者は、労働者側の意見を聴いた後、作成した就業規則を所轄の労働基準監督署長に届け出なければなりません。

なお、「常時10人以上」の労働者がいない使用者でも、任意に就業規則を作成することは問題ありません。

□書かなければいけないこと、書いてもいいこと

就業規則には、どんなことが書かれているでしょうか。

まず、どんな場合でも絶対に書かなければいけない事項（絶対的必要記載事項）があります。始業・終業の時刻、休憩時間、休日、休暇、賃金の決定・計算・支払方法、賃金の締日・支払時期、昇給に関する事項、解雇事由を含む退職に関する事項が、これにあたります（労働基準法89条1号〜3号）。

また、ある制度を設ける場合には、書かなければいけない事項（相対的必要記載事項）もあります。退職金に関する事項、臨時の賃金（ボーナスなど）に関する事項、安全衛生に関する定め、表彰及び制裁の定めなどが、これにあたります（労働基準法89条3号の2〜10号）。

なお、就業規則には、書かなければいけない事項以外のことを書いても構いません（任意的記載事項）。

□就業規則と他のルールの関係

就業規則以外にも、労働条件を定めるルールは存在しますが、それらとの関係はどうなって

いるのでしょうか。

まず、就業規則は、法令（法律、政令、府省令、条例、規則など）に反してはいけません（労働基準法92条）。例えば、就業規則で労働基準法より少ない日数の有給休暇を定めても、その部分は無効になります。

また、就業規則は、労働組合と使用者が取り決めた「労働協約」に反してもいけません（労働基準法92条）。

そして、労働者との個別合意（契約など）との関係では、就業規則の基準に達しない部分は、就業規則が優先されます。逆に、合意で定められた内容が就業規則の基準を上回る場合は、合意が優先されます（労契法7条）。このように、就業規則は職場における労働条件の最低基準になるので、個別合意と就業規則の〝良いとこ取り〟をすることができます。

□合理的でなければならない（有効要件①）
就業規則がルールとして有効であるためには、一定の要件があります。

一つ目の要件は、就業規則が定めた労働条件が「合理的」であることです（労働契約法7条）。

ここでいう合理性とは、人事管理上の必要性があり、労働者の権利や利益を不当に制限していなければ、比較的広く認められる傾向にあります。ただし、裁判所が、労働者の利益に配慮して、就業規則を無効とまではしないものの、「合理的」な範囲に限定して解釈することもあります（例えば、退職後の競業避止義務の範囲が広すぎる場合に、それを狭く解釈する等）。

□周知されていなければならない（有効要件②）
二つ目の要件は、就業規則が労働者に「周

知」されていることです（労働契約法7条）。

この周知性とは、労働者が知ろうと思えば知ることができる状態に置くことです。現実に各労働者が内容を知っている必要まではありませんが、労働者が情報にアクセスした上で、その内容を理解できる必要があります。

就業規則を周知するのは、本来難しいことではありません。わかりやすい場所に備え付けたり、配布したり、社内ネットワークにアップロードしておけばよいからです。

ただ残念ながら、現実には、「就業規則は会社が自由に決められるものだから、労働者に知らせる必要はない」とか、「就業規則は企業秘密だ」などと誤解している使用者も多くいます。就業規則で定めた労働条件を労働者にしっかり理解してもらおうという意識が低い会社では、裁判で就業規則が無効になってしまうこともあります。

なお、就業規則が、本体と「賃金規程」など複数に分かれている場合、それぞれに周知性が必要です。

□原則として、不利益な変更はできない

労働契約は、ある程度継続するものですから、途中で使用者が就業規則を変更しようとすることがあります。変更内容が、労働者にとって利益をもたらすものであれば問題ありませんが、不利益な場合もあります。

労働契約法は、労働者と合意せずに（この合意は労働者の「自由な意思」に基づく必要があります）、就業規則を変えて労働者の不利益に労働条件を変更することは原則できない、と定めています（労働契約法9条）。ただし、一定の要件を満たせば、例外的に不利益に変更できるとも定められています（労働契約法10条）。

要件の一つ目は、就業規則の変更が「合理

的」であることです。この合理性は、就業規則自体の有効性よりも高度なものが求められています。

具体的には、①労働者の受ける不利益の程度、②労働条件変更の必要性、③変更後の就業規則の内容の相当性、④労働組合等との交渉の状況、⑤その他の事情、に照らして判断されます。例えば、賃金や退職金の引き下げのように労働者の受ける不利益が大きい場合は、高度の必要性がない限り、不利益変更は認められないでしょう。

要件の二つ目は、就業規則の変更が「周知」されていることです。この周知性は、先ほど述べた就業規則の周知性と同じ程度のものです。

使用者が就業規則の変更を行っても、これらの要件を満たさない場合は無効になります。

□労働者としての心構え

これから働く人やまだ見たことがない人は、まず、職場の就業規則の内容を確認してみましょう。まっとうな企業であれば、就業規則の閲覧に応じるはずです。一方、閲覧に応じない場合、労働法が適切に守られていない可能性があるので、要注意です。なお、勤務先で閲覧できない場合、所轄の労働基準監督署に行って、届け出られた就業規則を閲覧することもできます。

就業規則の内容を見たら、自分の雇用契約書や労働条件通知書と比べて、就業規則の水準を下回っていないか、確認しましょう。

そして、不利益な変更など、就業規則に関係するようなトラブルに遭った場合は、労働組合や弁護士、行政機関の相談窓口に相談してみましょう。

（辻田航）

キーワード⑤

固定残業代制

残業しなくても残業代をもらえるってラッキー！　とは限らない。実際の働く時間をチェックして

□固定残業代制だから仕方ない？

日本の法定労働時間は1日8時間、1週間40時間。それよりもかなり長く働いているはずなのに、残業代がまったく出なくて毎月の給料が変わらない。

どういうことかと思って人事部に聞いてみたら「ウチの会社は固定残業代制なので、残業代は給料に全部こみこみなんですよ」と言われた。

そっか、そういうもんなら仕方ないか――。

ちょっと待ってください！　その「固定残業代」、ひょっとすると無効でちゃんと残業代をもらうことができるかもしれません。

固定残業代（定額残業代）制とは、賃金支払の際に、実際の時間外労働の有無にかかわらず定額を残業代として支払うことに合意または就業規則等に定めて、これをもって残業代を支払う賃金の支払方法のことを言います。

このような残業代の支払方法は、残業が無い場合であっても一定の残業代が支払われるため一見、労働者にメリットがあるように見えます。しかし、実際には、固定残業代がカバーする残業時間を大幅に上回る時間の残業をしても、それに見合った残業代が支払われないケースが多く発生しています。例えば、実際には60時間以上残業した月でも、固定残業代として30時間分の残業代しか支払われない、というケースです。

また、固定残業代制は、本来基本給として支払われるべき賃金を「残業代」として支払うことによって賃金の低額化も招きます。例えば、某有名企業の場合、初任給が42万円であり高額のように見えましたが、何とその給料には固定残業代80時間分、深夜手当46時間分が含まれており、実際の基本給は24万円程度でした。つまり、その会社では46時間の深夜労働を含む80時間の残業をしても1円も残業代が支払われないということになります。

しかし、この固定残業代、実は無効と判断されるケースが多々存在しています。

固定残業代制が無効となった場合、基本給とその「固定残業代」を足したものが残業代を算定する上での基礎賃金となるため、残業時間に応じた適正な残業代を請求することができます。

□実態とかけ離れた固定残業代を裁判所が無効に

では、固定残業代制が有効となるためには何が必要かというと、まず第一に判別可能性が必要です。

判別可能性とは、残業代相当部分とそれ以外の賃金部分とが客観的に区別できることを意味します。この判別可能性が肯定されるためには、残業代相当部分を実際に計算できる程度の情報が明示されていることが必要です。裁判例の中には、「基本給には月30時間分の時間外労働に対する割増賃金を含む」と規定しているだけでは判別可能性が不十分であるとして、固定残業代制を無効としたケースがあります。

また、固定残業代制が有効となるためには、判別可能性に加えて対価性も必要です。

対価性とは、固定残業代とされた賃金が、時間外労働に対する対価としての実質を有することを言います。「調整手当（時間外労働30時間相当分）」などとして、一見すると判別可能性を満たしているかのように見える手当であっても、実際には時間外労働に対する対価以外の性格（例えば、職責や成果に対する対価）を併せもっている場合もあり、対価性が否定される場合があります。

裁判では、実際の残業時間と固定残業代の対象とされた労働時間が乖離《かいり》していないかどうかという点も重視されます。仮に固定残業代の対象とされた労働時間が30時間なのに実際は60時間程度残業しているようなケースは、対価性を否定する方向で判断されることになります。

固定残業代は、雇用契約書や給与明細上では「○○手当（調整手当、営業手当等）」「歩合給」という名目で支給されていることも多いです。

私が担当した居酒屋チェーンの店長の方の事案では、最低賃金ギリギリの水準の基本給約17万円と調整手当・営業協力手当という名目で約15万円の固定残業代が毎月支払われていました。しかし、裁判所は、固定残業代がカバーする労働時間があまりにも長いことを問題視して、固定残業代が無効であると判断しました。

会社に金銭を請求するのは少し気が引けてしまうかもしれません。しかし、残業代の請求というのは労働者の大切な権利の一つであり、むしろ残業代をきちんと支払わず義務を果たしていない会社の問題改善や労働環境の改善に資するものです。

自分の残業代がきちんと支払われているかどうか気になった方は、ぜひ一度ブラック企業被害対策弁護団の弁護士に相談してみるといいかもしれません。

（伊久間勇星）

キーワード⑥

裁量労働制

何時間働いても1日8時間労働とみなす。長時間労働の温床だが、適用外もあるので確認を

□裁量労働制とは？

裁量労働制は、実際の勤務時間ではなく、予め定めた時間を労働時間とみなす制度のことをいいます。

例えば、みなし労働時間を8時間と定めた場合、1日1時間のみ働いたとしても、10時間働いたとしても、8時間勤務したとみなされます。

このみなし労働時間は、時間外労働を含めた時間であっても問題ありませんが、その場合には別途36協定が必要です。

長時間働いてもみなし労働時間分しか働いていないとみなされてしまうため、裁量労働制は長時間労働の温床となっています。

□二つの裁量労働制（専門業務型裁量労働制と企画業務型裁量労働制）

裁量労働制には、専門業務型裁量労働制と企画業務型裁量労働制の2種類があります。

1 専門業務型裁量労働制

（1）対象業務

裁量労働制の適用対象は、厚生労働省令及び厚生労働大臣告示によって定められた20の業務です。テレビ番組のプロデューサー・ディレクター、コピーライター、システムコンサルタントなどがあります。

これらの業務に該当する場合でも、仕事のやり方や時間配分について具体的指示を受ける場合、適用対象外になります。名称ではなく実態が重要です。

（2）要件

労使協定を事業場の過半数労働組合または過半数労働者と締結し、それを所轄の労働基準監督署長に届け出る必要があります。この労使協定の中で、対象業務、みなし労働時間、健康・

福祉確保措置等を定めます。

なお、以前は労働者の個別同意は不要でしたが、令和6（2024）年4月1日以降、個別同意が必要となりました。また、労使協定において、労働者が同意をしなかった場合の不利益取り扱いの禁止や、同意撤回手続を定めておくことも必要です。

（3）効果

例えばみなし労働時間を1日8時間と定めた場合、実労働時間にかかわらず、8時間働いたものとみなされます。ただし、休日及び深夜労働については、みなし労働時間の適用はありません。したがって、休日に勤務した場合は35％割増の賃金が、深夜（22時～翌5時の間）に勤務した場合は25％割増の賃金が発生します。

2　企画業務型裁量労働制

（1）対象業務

企画業務型裁量労働制の適用対象は「事業の運営に関する事項についての企画、立案、調査及び分析の業務であって、業務の性質上、これを適切に遂行するには、その遂行の方法を大幅に労働者の裁量に委《ゆだ》ねる必要があるため、業務遂行の手段や時間配分の決定等に関し使用者が具体的な指示をしないこととする業務」です。

専門業務型裁量労働制と異なり、個別に具体的な対象業務が決まっているわけではありません。上記の要件に当てはまるものが幅広く対象となります。ただし、適用対象となる労働者は「対象業務を適切に遂行するための知識、経験等を有する労働者」とされています。したがって、少なくとも3年～5年の職務経験のある労働者のみが該当するでしょう。

（2）要件

労使双方の代表者で構成する労使委員会において、対象業務、みなし労働時間、健康・福祉確保措置等を定めて決議し、それを所轄の労働基準監督署長に届け出る必要があります。決議は委員の5分の4以上の賛成が必要です。また、労働者の個別の同意も要求されます。同意しなかった場合の不利益取り扱いの禁止や同意撤回手続も労使委員会の決議で定めておく必要があります。

（3）効果

専門業務型と同じく、みなし労働時間分だけ労働したとみなされます。休日・深夜労働についてはみなし効果は及びません。

□休日労働のルールを労使で定めることが有用

注意が必要なのは、裁量労働制の対象業務の性質上、所定労働日以外にも業務を遂行する必要のある業務が相対的に多い点です。たとえば大学の研究者や士業などの専門業務型裁量労働制で働く労働者は、平日に講義や一般業務がある関係上、土日に研究会や研修が集中することが多くあります。

使用者からすると、このような研究会や研修に出席することを明らかな業務命令として指示すれば、みなし時間の対象外ですので、割増賃金が発生することになります。これを黙認しているケースや「自己研鑽」と称して、業務でないと扱う使用者も見受けられます。

そのような場合、過去の判例からすれば、休日労働を禁止せず、黙認をしていたなどの「黙示の業務命令」があったといえるかが一つのポイントとなりますが、その判断は簡単ではありません。なお、裁量労働制下における深夜早朝労働や休日労働の判断に関する裁判例はいまだ蓄積されているとは言えない状況です。

そのため、休日労働を行う場合には、会社の業務として行うことを使用者に確認した上で、可能であれば労使でルールをあらかじめ決めておくことが望ましいでしょう。また、裁量労働制の適用が無効になるケースもあるため、自分で労働時間を記録しておくことが必要です。

（石黒大貴）

キーワード⑦

出産、子育て

出産や子育てを理由にした労働条件の変更にアンテナを。受け入れてしまってもあきらめないで

ライフステージの中では、子どもを出産し、子育てをする時期も出てくるでしょう。働く人が会社を辞めることなく、安心して、出産し、子育てをすることができるよう、様々な制度が設けられています。ここでは、各種制度や裁判例を紹介します。

□産前産後の女性の保護

1　産前産後休業等

6週間（多胎妊娠の場合には14週間）以内に出産する予定の女性は、使用者に休業を請求することができます（労基法65条1項）。また、産後8週間を経過しない女性は、原則として休業しなければいけません（同条2項）。

加えて、妊娠中の女性は、妊娠週数にかかわらず、他の軽易な業務に転換するよう使用者に請求することができます（同条3項）。

2　所得保障

健康保険法上の被保険者が出産すると、出産育児一時金を受給することができます（健康保険法101条)。令和5(2023)年4月1日以降の出産育児一時金の額は50万円とされています(産科医療補償制度に加入する医療機関等で在胎週数22週以降に達した日以後に出産〈死産を含む〉した場合)。

また、出産前後の一定の時期に労務に服さなかった期間があるときは、当該期間について出産手当金を受給することができます(同法102条1項)。出産手当金の額の計算方法は、傷病手当金と同様です(同条2項・同法99条2項3項)。

3 健康管理に関する措置

使用者は、女性労働者が母子保健法の規定による保険指導または健康診査を受けるために必要な時間を確保できるようにする必要があります(男女雇用機会均等法12条)。また、女性労働者が保険指導または健康診査に基づく指導事項を守ることができるようにするため、勤務時間の変更、勤務の軽減等必要な措置を講じなければいけません(同法13条1項)。主治医等が行った指導事項の内容は母性健康管理指導事項連絡カードに記載されますので、これを事業主に提出し、必要な措置を求めましょう。

4 女性の婚姻、妊娠、出産等を理由とする不利益取扱いの禁止等

男女雇用機会均等法は、婚姻・妊娠・出産を女性労働者の退職理由として予定すること(同法9条1項)、婚姻を理由として女性労働者を解雇すること(同条2項)、妊娠・出産・休業の請求等を理由として女性労働者に解雇その他不利益な取扱いをすること(同条3項)を禁止し、妊娠中の女性労働者、出産後1年を経過しない女性労働者に対する解雇を原則として無効としています(同条4項)。これらは、いわゆ

るマタニティハラスメントを禁止した規定です。

妊娠中の女性労働者が軽易業務への転換を請求したところ、使用者が当該労働者を降格し、その際当該労働者は降格を渋々了解したという事案において、男女雇用機会均等法9条3項が禁止する不利益取扱いに該当するかが争われた裁判例があります。

最高裁は、軽易業務への転換を契機とした降格は原則として不利益取扱いに該当するとした上で、女性労働者が自由な意思に基づいて降格を承諾したものと認めるに足りる合理的な理由が客観的に存在するとき等は、例外的に同項の禁止する不利益取扱いには当たらないとしました。そして、当該事案において、当該労働者は自由な意思に基づいて降格を承諾したものとは認められないと判断しました（最一小判平成26［2014］年10月23日民集68巻8号1270頁［広島中央保健生活協同組合事件］）。

仮に妊娠等を理由とする降格等を渋々受け入れてしまったとしても、それだけで降格等が有効になることはありません。納得できないときは、速やかに使用者に異議を申し立てましょう。

□育児中の労働者の保護

1　育児休業

育児・介護休業法は、原則、1歳に満たない子を養育する労働者について育児休業の取得を認めています。当該労働者は、子の1歳到達日までの期間のうち、2回に分けて、育児休業を申し出ることができます（同法5条1項本文、2項）。当該労働者の配偶者が子の1歳到達日以前に育児休業をしている場合には、原則1歳までから原則1歳2か月までに延長されます（同法9条の6、いわゆる「パパ・ママ育休プラス」）。

また、1歳から1歳6か月に達するまでの子を養育する労働者は、自分または配偶者が1歳到達日に育児休業をしており、かつ、保育所等における保育の申込みをしたが当面実施されないとき等は、育児休業の延長を申し出ることができます（育児・介護休業法5条3項）。1歳6か月から2歳に達するまでの子を養育する労働者についても同様の規定があり（同条4項）、最大で子が2歳に達するまで育児休業を取得することが可能です。

加えて、労働者は、子の出生日から8週間を経過する日の翌日までの期間内に、2回に分けて、4週間以内の期間の休業（出生時育児休業）を申し出ることができます（育児・介護休業法9条の2）。女性は労基法65条2項により産後8週間の休業が可能ですので、出生時育児休業は男性による取得を想定したものです（いわゆる「産後パパ育休」）。

労働者が法定の要件を満たした育児休業の申出をしたときは、事業主は、原則として当該申出を拒むことができません（育児・介護休業法6条、同法9条の3）。

2　所得保障

育児休業・出生時育児休業を取得した労働者は、育児休業給付金・出生時育児休業給付金を受給することができます（雇用保険法61条の6）。育児休業給付金・出生時育児休業給付金の額は、休業開始時賃金日額に支給日数を乗じて得た額の67％（育児休業開始から181日目以降は50％）に相当する額です（同法61条の7第6項、同法61条の8第4項）。

3　子の看護休暇

小学校就学の始期に達するまでの子を養育する労働者は、事業主に申し出ることにより、1年度において5労働日（対象となる子が2人以上の場合は10労働日）を限度として、負傷しもしくは疾病にかかった子の世話または疾病の予防を図るために必要な子の世話を行うための休暇（子の看護休暇）を取得することができます（育児・介護休業法16条の2第1項）。

1日未満の単位で子の看護休暇を取得することも可能ですので（同条の2第2項）、子どもの急な発熱等の際は積極的に活用しましょう。なお、看護休暇が有給となるか否かは、会社の就業規則によります。

4　育児休業に関する不利益取扱いの禁止

育児・介護休業法は、労働者が育児休業申出等をし、または育児休業をしたこと等を理由として、当該労働者に対して解雇その他不利益な取扱いをすることを禁止しています（同法10条）。

37人の部下社員を擁するチームのリーダーであった女性労働者が、妊娠を契機として傷病休暇・産前休業・育児休業等を経て復職したところ、使用者が当該労働者の休業中にチームを消滅させるとともに、復職した当該労働者を部下を持たないアカウントマネージャーに配置したことが、育児・介護休業法10条が禁止する不利益取扱いに該当するかが問題になりました。

東京高裁は、「基本給や手当等の面において直ちに経済的な不利益を伴わない配置の変更であっても、業務の内容面において質が著しく低下し、将来のキャリア形成に影響を及ぼしかねないものについては、労働者に不利な影響をもたらす処遇に当たるというべき」との一般論を述べました（東京高判令和5［2023］年4月27日労判1292号40頁［アメックス事件］）。

このように、給与面等で直ちに不利益がなかったとしても、業務内容や将来のキャリア形成に及ぼす影響によっては不利益取扱いに当たる可能性があります。不利益取扱いを受けたと感じたときは、早めに弁護士に相談しましょう。

（松田亘平）

キーワード⑧

安全配慮義務

危険の回避はもちろん、ハラスメントやカスハラ、SOGIハラへの対策は会社側の義務

□「安全配慮義務」とは？

企業には、労働者の心身の安全と健康を確保するために必要な職場環境を整備する義務があり、この義務のことを「安全配慮義務」といいます。例えば、企業が社員を安全上に欠陥のある自動車に乗務させたり、精神に不調を来してしまう程の長時間労働に従事させたりすることは、安全配慮義務違反となります。

企業の労働者に対する安全配慮義務は、法律にも明記されています（労働契約法5条）。

また、安全配慮義務は、当事者の間に直接の労働契約がない場合でも、認められることがあります。例えば、労働者が出向した場合における出向先企業や、下請企業の労働者を受け入れている元請企業のほか、フリーランスと契約を結んだ委託企業にも、安全配慮義務が認められた事例があります。

□あらゆる場面で問題になる「安全配慮義務」

企業が負う安全配慮義務は、労働者の心身の安全や健康が脅かされるあらゆる場面で問題となります。

従来から問題とされてきた例は、労働現場における事故や災害の事案です。企業による安全対策が不十分であった結果、労働者の生命や身

体の健康が害される事案は、現在も後を絶ちません。

例えば、運送現場において、業務で使用する乗り物の整備を十分に行わなかったことによって労働者が亡くなった事例や、建設現場において、アスベスト粉じんの飛散防止、防じんマスクの支給、健康診断の実施をしなかったことによって労働者がじん肺に罹患した事例があります。

企業は、労働者がこのような事故や災害に遭遇しないように、安全配慮義務に基づいて、業務遂行のための場所や器具といった物的施設を管理したり、安全教育等の人的組織の管理をしたりする義務を負います。

近年において問題となっている例は、過重労働によって労働者が脳・心臓疾患や精神疾患を発症したり、過労死や過労自死に追い込まれたりする事案です。長時間労働は、心身の健康を大きく損なう原因となります。企業は、このような事態を引き起こさないよう、安全配慮義務の具体的な内容として、健康診断や勤務状況の調査を行い、労働者の健康状態や労働実態を把握し、労働時間の短縮、就業場所や業務内容の変更といった、業務の負担を軽減させるための適切な措置を講じる義務を負います。

さらに、近年増加している例が、職場におけるパワーハラスメントやセクシャルハラスメントによって、被害者となった労働者が精神疾患を発症したり、最悪の場合には自死に追い込まれたりする事案です。ハラスメントには、被害者の心の健康に重大な被害を生じさせる危険があります。

企業は、ハラスメントによる被害の発生を未然に防ぐために、安全配慮義務に基づいて、日頃の社員教育の実施やハラスメントの予防策を講じる義務を負います。また、ハラスメントが発覚した場合には、事実関係を積極的に調査して、ハラスメントの行為者と被害者を引き離すための人事を行ったり、再発防止策を講じる義務を負います。

加えて、最近問題となっているのは、顧客や取引先からの理不尽なクレームを受けるカスタマーハラスメント（カスハラ）や、性的指向や性自認に対して行われるハラスメント（SOGIハラ）です。営業や接客の場面でカスハラを繰り返し受けることや、自らの性的指向・性自認を侮辱されたり他者に暴露されたりすることは、いずれも労働者にとって重い精神的な負担になり、場合によっては精神疾患を引き起こす危険もあります。

カスハラやSOGIハラは社会的に認知されるようになってから日が浅い問題であるため、これらの被害によって企業の安全配慮義務違反が問われる事案は未だ多くありません。しかし、カスハラやSOGIハラを原因として労災認定が行われた事例は既に存在しています。カスハラやSOGIハラを受けて心の健康が脅かされている労働者に対して、企業が何らのケアもせずに対応を怠っている場合には、安全配慮義務違反が問われる可能性が十分にあります。

このように、企業に課せられた「安全配慮義務」は、労働者の心身の安全や健康が脅かされるあらゆる場面で問題になります。

□ブラック企業を見分けるポイントに！

安全配慮義務を守って労働者が安全かつ健康に働ける環境を整備することが本来あるべき企業の姿です。しかし、そのような環境を整備せず、労働者を長時間労働に従事させたり、ハラスメントの被害に晒《さら》したりする「ブラック企業」は、残念ながら現実には後を絶ちません。

これから働こうとしている職場や、いま現在働いている職場がブラック企業でないかを見分ける上で、「安全配慮義務」はとても重要なポイントになります。

労働者が長時間労働を強いられていないか、ハラスメントの被害を放置されたりしていないか等といった視点から職場の環境を見渡したときに、「この職場の環境で働き続けたら、自分自身や一緒に働く人たちの安全や健康が危険に晒されてしまう」と思うポイントがあれば、ブラック企業である可能性があります。このような職場に遭遇したときは、心身の健康に被害が生じないように警戒しなければなりません。また、職場の環境を改善するために、労働者一人ひとりが声がけや相談という取り組みをすることもできますし、労働組合への相談や加入を通じた取り組みをすることもできます。

□職場において心身の健康の被害が生じてしまったらすぐに弁護士に相談を

企業が長時間労働の強制やハラスメントの放置によって、実際に働く人の心身の健康に被害を生じさせた場合には、企業に対して、安全配慮義務違反を理由とした損害賠償請求をすることが考えられます。

このような請求をする裁判を起こした場合には、労働者側において、これまでに述べてきたような、企業が負う具体的な安全配慮義務や、労働者の心身に被害が生じたことに対する企業の落ち度（予見可能性や結果回避可能性）を主張する必要があります。また、これらの主張を立証する証拠も提出しなければなりません。そのため、安全配慮義務違反を理由とした損害賠償請求をする場合には、労働者側において、積極的かつ具体的に事実を主張した上で、充実した証拠の収集を的確に行う必要があります。

さらに、安全配慮義務違反が問題となる事例においては、企業に対する損害賠償請求と併せて、労基署に対する労災申請をすることも考えられます。損害賠償請求と労災申請は、それぞれいつしなければならないか、どちらを先にすべきであるかというタイミングの問題があります。また、労災申請をする際には、より労災申請が認められやすくなるように、労基署所定の請求書に加えて、弁護士が代理人意見書を書くことが有効になる事案もあります。

ブラ弁をはじめとする労働者側の弁護士には、働く人の心身に被害が生じた事案における、企業に対する損害賠償請求や労基署に対する労災申請に関する豊富な経験を持つ弁護士がたくさんいます。

もし、働いている職場の環境によって心身の健康に被害が生じてしまったときは、被害に対する適切な救済を受けることができるように、すぐに弁護士に相談することが大切です。

（守屋智大）

キーワード⑨

過労死ライン

1か月80時間が目安だが、それ以下でも要注意。長時間労働で命を奪われないために

□過労死ラインとは
過労死ラインとは、発症前1か月間におおむね100時間または発症前2か月間〜6か月間平均で1か月当たりおおむね80時間を超える時間外労働（残業）のことをいいます（1か月当たりおおむね80時間を超える時間外労働と表現されることもあります）。

会社は原則として、労働者に休憩時間を除いて1日8時間、1週間40時間を超えて働かせてはいけません（法定労働時間。労働基準法32条1項、2項）。

過労死ラインの時間外労働の時間は、1週間当たり40時間を超えて労働した時間数です。そもそも法定労働時間があり、原則として残業させてはならず、例外があるとはいえ、そこを大きく超えるのが過労死ラインです。

□過労死とは

過労死ラインの過労死とは、働きすぎによる過労・ストレスが原因で死亡することです。

また、過労死等防止対策推進法では、「過労死等」を以下のとおり定義しています。

①業務における過重な負荷による脳血管疾患若《も》しくは心臓疾患を原因とする死亡

②業務における強い心理的負荷による精神障害を原因とする自殺による死亡

③これらの脳血管疾患若しくは心臓疾患若しくは精神障害（過労死等防止対策推進法2条）。

以下では、脳血管疾患（脳出血、くも膜下出血及び脳梗塞等）または心臓疾患（心筋梗塞及び狭心症等）を原因とする死亡（上記の①）を、過労死といいます。

□過労死の認定基準

厚生労働省は、労働災害である過労死の認定基準（「血管病変等を著しく増悪させる業務による脳血管疾患及び虚血性心疾患等の認定基準」令和3［2021］年9月14日基発0914第1号別添）という通達を定めています。これは、過労死の原因疾患の発症（上記の③）についても内容とする通達です。

過労死の認定基準は、脳・心臓疾患の労災認定の基準に関する専門検討会において検討が行われ、作成されました。専門検討会には医師等が参加しています。

そのため、過労死ラインは医学的知見からも命と健康を損なう危険性があるラインであるといえます。

□過労死ラインの水準

過労死ラインは、過労死の認定基準における以下の労働時間の評価の①と②のうち、②の時間外労働時間数のことです。

①発症前1か月間〜6か月間平均で1か月当たりおおむね45時間を超える時間外労働が認められない場合は、業務と発症との関連性が弱く、おおむね45時間を超えて時間外労働時間が長くなるほど関連性が徐々に強まる。

②発症前1か月間におおむね100時間または発症前2か月間〜6か月間平均で1か月当たりおおむね80時間を超える時間外労働が認められる場合は、業務と発症との関連性が強い。

なお、発症前2か月間〜6か月間平均というのは、発症前2か月間〜6か月間のいずれかの期間の平均のことをいいます。

例えば、2か月間の平均で1か月当たりおおむね80時間を超えなくても、3か月間の平均で超えれば、業務と発症との関連性が強いと評価されます。

□過労死ラインの具体例

1週間当たりの労働した時間数が60時間だとすると、時間外労働時間数は20時間です。それが4週間続くと、1か月当たりの時間外労働時間数は80時間です。それがさらに2か月続くと、過労死ラインに達します。

1週間当たりの労働した時間数が60時間になるのは、以下のような場合です（平日の勤務日の休憩時間を1時間としています）。

①月～金曜日に9～22時まで働き、土日に休む場合

②月～金曜日に9～20時まで働き、土曜日に10時間出勤し、日曜日に休む場合

□過労死ラインを超える働き方が精神障害を発病させる危険性もあること

過労死ラインを超える働き方は、過労自死やその原因となる精神障害（過労死等防止対策推進法の「過労死等」の上記の②、③）の原因にもなり得ます。

精神障害の認定基準（「心理的負荷による精神障害の認定基準」令和5［2023］年9月1日基発0901第2号別添）では、仕事による心理的負荷を与える出来事として、1か月でおおむね80時間以上の時間外労働等が挙げられています。

すなわち、過労死ラインを超える働き方は、精神的な負荷も大きく、精神障害を発病させる危険性があるともいえます。

□これから働く人が気を付けるべきポイント

気を付けて欲しいのは、過労死ラインで働くことには命と健康を損なう危険性があるということです。

過労死ライン未満の働き方であっても、長時間労働には命と健康を損なう危険性があることにも気を付けて欲しいです。

例えば、過労死の認定基準でも、過労死ラインの水準に至らないけれども、過労死ラインに近い時間外労働が認められる場合には、特に他

の負荷要因の状況を十分に考慮し、そのような時間外労働に加えて一定の労働時間以外の負荷が認められるときには、業務と発症との関連性が強いと評価できることを踏まえて判断することとされています。すなわち、過労死ラインの水準に至らなくても、過労死に至る場合があることが想定されています。

また、令和3（2021）年5月にWHO（世界保健機関）とILO（国際労働機関）が論文の共同発表を行いました。その調査報告によれば、平成28（2016）年に世界で週55時間以上の労働が原因で推計約74万5000人が虚血性心疾患や脳卒中で死亡したとされています。

なぜ、過労死等の原因となる長時間労働が生み出されるのでしょうか？

最大の要因は残業代不払いです。長時間労働を抑制するために、残業について割増賃金を支払う義務が使用者に課されていますが、この義務が果たされていません。労働時間を把握していない使用者は多いですし、自己申告制を取っている会社では、労働時間を過少申告することが事実上強制されていることがしばしばあります。そのため、残業代が支払われない「サービス残業」が生まれ、長時間労働に歯止めがかかりません。労働者側の自衛策としては、自分自身で労働時間を記録することが非常に重要です。パソコンのログやスマホのアプリ、メール等、客観的で後から変更できない証拠の証明力が非常に高いです。これらの証拠を自分で確保しておきましょう。

最後になりますが、以上のことは実際に大変な思いをしながら一生懸命働いている、働く皆様にはわかっていることだと思いますし、わかることだと思います。私自身が、過労死・過労自死の法的問題に携わらせていただいているなかで、そう実感しています。

長時間労働で日々が辛い、体調が悪い等と思いながら、働き続けている方もいると思います。大変ななかで、それでも仕事を続けられるのには、様々な事情があると思います。

どうか、一人で抱え込まないでください。家族、パートナー、友人、知人、同僚、医者等、どなたでも構いません。どうかご相談ください。

よければ、弁護士にもご相談ください。職場改善要求、残業代請求や労災申請等、弁護士が協力できることがあると思います。（栄田国良）

キーワード⑩

労災

「うちの会社に労災はないから」は通用しません！　業務中も通勤も、なにかあったら申請できる

□労災保険制度とは

労災保険制度は、「業務上の事由」または「通勤」による労働者の負傷、疾病、障害または死亡について、被災労働者や遺族に対して所要の保険給付を行うために、国によって運営されている制度です。労働者を一人でも使用する事業所では、使用者が労災保険料を支払っているか否かにかかわらず、当然に保険関係が成立します。

「うちの会社に労災はないから」という言い訳は通じません。保険関係が適用される事業所で勤務する労働者は、パートやアルバイト、日雇い労働者等の雇用形態に関係なく、保険給付を受けることができます。

また、労災が発生したにもかかわらず、これを労働基準監督署に報告していないと「労災隠し」として犯罪になります。

□労災の種類

仕事中の負傷、病気、障害、死亡を「業務災害」といい、通勤中の負傷、病気、障害、死亡を「通勤災害」といいます。

まず、業務災害について説明します。被災した事由が「業務上」の事由といえるか否かは、①業務遂行性と②業務起因性が必要になります。

このうち、「業務遂行性」とは、労働者が労働契約に基づき使用者の支配下にあることを意味します。つまり、労働者の被災事由が会社の業務中に生じたものであることが必要です。出張中の怪我はもちろん、勤務時間中であるものの具体的な業務を行っていない時間に起きた事故等についても、業務遂行性を認めた事例があります。

次に、「業務起因性」とは、労働者が労働契約に基づき事業主の支配下にあることに伴う危険が現実化したものと経験則上認められること、つまり、業務と災害との間に因果関係（つながり）が認められることが必要です。たとえば、地震や落雷等の自然災害や、第三者からの暴力行為等の外部の力が介在した場合には、業務起因性が否定されます。

なお、労災認定においては、使用者の過失（安全配慮義務違反）は要件とされておらず、また、労働者の側に過失（注意義務違反）があったとしても、業務遂行性と業務起因性の2つの要件を満たせば、労災認定を受けることができます。

次に、通勤災害について説明します。労災保険法で保護される「通勤」とは、業務の性質を有しないものの、

①(ⅰ)就業に関し、住居と就業の場所との間を往復すること
(ⅱ)2か所の事業場で働く労働者が1つ目の就業場所での勤務を終えて2つ目の就業場所へ移動すること
(ⅲ)単身赴任者が単身赴任先住居と帰省先住居を移動すること
②その往復が合理的な経路及び方法によるものをいう

とされています。具体的にいえば、昼休みを利用して昼食を取りに一旦帰宅する場合や、共働き夫婦が子どもを保育所等に預けてから会社に向かう場合は「通勤」に当たります。

「往復」の考え方として、たとえば、退勤後、帰宅途中に居酒屋で長時間にわたって飲食する等、往復の経路を外れた場合には「通勤」とは言えなくなりますが、日常生活に必要な最小限度の行動(通院や日用品の購入等)をする場合には、その後に往復の経路に復帰すればそこから再び「通勤」として考えることになります。

□労災保険給付

このような労災による被害を受けた場合には、労働基準監督署(以下、「労基署」)による労災認定を受けることによって、労災保険から給付金を受け取ることができます。公務員については、別の法制度の下にありますが、概ね労災保険法の枠組みと同様です。

保険給付には、療養補償等給付、休業補償等給付、障害補償等給付、遺族補償等給付、葬祭料等、傷病補償等年金、介護補償等給付等があります。

怪我などで病院にかかる必要が生じたらその治療費について療養補償等給付を受けることができます。休職する必要が生じたら休業補償等

給付から、4日目以降の休業期間について給付基礎日額の60％に相当する金員の給付を受けることができ、あわせて、社会復帰促進等事業としての特別支給金（給付基礎日額の20％）がセットで支給されます。ここでいう「給付基礎日額」とは、原則として、被災した日以前3か月間に被災した労働者に支払われた賃金の総額を、その期間の総日数で割った額です。

怪我によって後遺障害が残ったら、障害補償等給付（傷害補償等年金、傷害補償等一時金）を受けることができます。労基署から認定を受けた障害の程度（1〜14級）に応じて支給されます。

被災者が死亡した場合には、遺族補償等給付（遺族補償等年金、遺族補償等一時金）、葬祭料等が一定の範囲の遺族に対して支給されます。

このほか、治療開始後1年6か月を経過したが治癒（症状固定）しない重篤な傷病に対して支給される傷病補償等年金、重篤な後遺障害が残った場合に受ける介護に対して給付される介護補償等給付等があります。

□会社が「労災を認めない」といっても申請できる

労災保険法に基づく保険給付等を請求できるのは、被災労働者またはその遺族です。実務上、事業主が手続を行うことが少なくありませんが、これは、請求権者が行うべき手続を代行しているにすぎません。会社が、「労災とは認められない」と言っていたり、労災の申請手続に協力しないという態度を取ったとしても、請求権者はあくまで被災労働者またはその遺族なので、会社の意向にかかわらず、申請を行うことができます。

各種労災保険給付の請求書は労基署に備え付けてあるほか、厚生労働省のホームページからダウンロードして使うことができます。

　保険給付の請求書には、事業主証明欄があり、被災の事実や賃金、加入している保険番号等の証明を使用者に行ってもらうことになります。しかし、これらの証明は必ず必要なものではなく、事業主が証明を拒否するときは、事業主から証明を拒否された旨の上申書を添付して提出することにより、申請することができます。

　保険給付の請求書の提出先は労基署ですが、療養補償等給付について、労災病院や労災の指定病院で治療を受ける場合には、病院に提出すれば、病院が労基署に提出します。

　請求書が提出されると、労基署が審査を開始します。審査において、事実確認の必要がある場合には、労基署の調査官が調査を行います。調査の内容としては、実際に事業所へ出向いて、関係書類の提出を求めたり、事故の目撃者等に対する聞き取り調査を行うことや、請求者本人から聞き取りを行うこともあります。

　また、怪我の状況や症状の調査のために、主治医への意見照会やカルテの確認を行うこともあります。それらの調査終了後、調査官は、調査の結果を書面（復命書）にまとめます。復命書には、調査官の意見が付され、これらをもとに、最終的には労基署の署長が労災保険の支給・不支給の決定を行います。

□会社に対する直接請求は別途可能
　労基署による労災認定を受ければ、労災保険給付や特別支給金の支払いを受けることができますが、これらの給付金には慰謝料が含まれず、休業補償額も、被災前の給料額に比べれば低いものにならざるを得ません。

　そのため、申請手続をして労災認定を受けたとしても、別途、会社に対して休業補償額の不足分（給付基礎日額の40％分）や逸失利益、さらには慰謝料等を求めることができます。このとき、会社の責任が認められるためには、ケガであれば事故状況、メンタルヘルスであればハラスメントの状況等を具体的に主張・立証することが必要になりますから、「労災かな？」と思ったら、早めに弁護士に相談してください。

（山内志織）

キーワード⑪

労働審判

労働問題のための特別な裁判が「労働審判」。スピード感がウリだけど入念な準備が必須

□「労働審判」とは

労働審判（制度）とは、通常の裁判と異なり、個別労使紛争を原則として3回以内の期日で解決するものです。裁判官である労働審判官1名と専門的な知識経験を有する2名の労働審判員から構成される労働審判委員会が審理を担当します。

労使どちらかの申立てにより開始され、非公開の期日で進行し、話し合い（調停）による解決の見込みがある場合にはこれを促されます。話し合いによる解決ができない場合には、労働審判（例：〇〇万円を支払えといった内容）が出されます。

労働審判委員会が出した審判に不服がある場合には、審判告知日から2週間以内に異議申立てを行うことで、通常の裁判へ移行します。

□労働審判の特徴

1　何といっても迅速！　約3か月で終了

労働審判の特徴は、何といっても、「迅速」な紛争解決制度であることです。

最高裁判所の調査によれば、令和4（2022）年度の通常の労働裁判（労働関係訴訟）の平均審理期間は17・2か月となっています。労働事件は、事案が複雑なことが多く、民事訴訟の中でも比較的時間がかかります。

これに対し、労働審判の場合には、申立てから原則40日以内に第1回期日が入り、原則として期日が3回しか開かれません。最高裁判所の調査によれば、平成18（2006）年から令和4年までに終了した事件の平均審理期間は81・2日となっており、そのうち66・9%の事件が申立てから3か月以内に終了しています。

2　第1回期日で勝敗が決まる!?　準備の重要性

このように、労働審判は、通常の裁判に比して、圧倒的に「迅速」ですが、だからといって「簡易」（当事者にとって楽）な制度かというとそうではありません。

通常の裁判では、時間をかけて労働者と使用者がお互いに主張反論を尽くし、証人尋問を行って判決が下されるの対し、労働審判では審理期間が圧倒的に短いため、主張や立証を3回の期日に凝縮して行います。

通常、労働者側が申立書を提出し、これに対し使用者側がおおむね第1回期日の1週間前に答弁書で反論します。その後、労働者側は期日前までに補充書面で再反論を行い、期日を迎えます。

労働審判委員会は、第1回期日の前に、提出された書面をもとに暫定的な心証を形成し、第1回期日で双方への事実関係の聞き取り（審尋）を行って心証を確定させ、それをもとに調停案を提示しています。第1回期日は、3〜4時間ほど時間をかけて行われる一方、第2回及び第3回は、調停条件の擦り合わせのため、1

時間ほどで行われることがほとんどです。

つまり、労働審判においては、実質的に第1回期日で勝敗が決まってしまうのです。だからこそ、期日が開かれる前に周到な準備を行うことが不可欠です。

そのためには、答弁書が来る前から使用者が反論してきそうな部分を予測し、先回りして対処しておくことが必要です。どんな事案であっても、多かれ少なかれ労働者側にとっても弱い部分があるのが通常です。労働者自身にとって不利な出来事についても、しっかりと代理人弁護士にすべて話しておくことが肝要です。

使用者側から答弁書が出てきた後、第1回期日の直前に補充書面を提出して再反論をすることが通例ですが、答弁書が提出されてから第1回期日まで残り1週間を切っている中で反論できることには限界があります。

有利な心証を勝ち取るためには、申立前の段階から、代理人弁護士と労働者自身とが協力してあらかじめ充実した準備をしておくことが重要です。

3　第1回期日から本人の出頭も必要

通常の裁判ですと、初めの数期日においては代理人弁護士のみで対応可能で、本人が出頭しなくても足ります。

一方、労働審判においては、これまで説明してきたとおり第1回期日から審尋、調停案の提示が行われるため、代理人弁護士だけではなく労働者本人も期日に出頭することが必要です。

それだけでなく、事前に本人が労働審判委員会から質問されてもすぐ答えられるように審尋に向け練習しておくことも必要です。

皆さんがイメージするいわゆる「法廷」とは異なり、審尋は基本的に会議室のような部屋でラウンドテーブルを囲んで使用者側も相席のもと行われますので、申立人ご本人は相当緊張すると思います。私の場合、1週間前と前日に3時間程度練習のための打ち合わせを行っています。

つまり労働審判は、通常の裁判より一層、手続の当初から労働者本人が積極的に関与する必要があるのです。

4　「専門的」かつ「柔軟」な解決

労働審判委員会には、審判官（裁判官）のみならず、労働者団体と使用者団体出身の審判員が1人ずつ含まれているため、現場を良く知る専門家による、現場の実情に即した判断を期待することができます。

労働審判委員会が調停案や審判内容を決定する際、審判員は審判官と対等の1票を有しています。また労働審判では、紛争解決のため「相当と認める事項」を定めることができます。

つまり、労働者側から見れば現場を知る審判員2人の心証を動かすことができれば、たとえ審判官の心証とは異なっていたとしても、法律や従前の裁判例の枠にとどまらない解決を求めることができるということです。

たとえば、解雇事件の場合に労働者側が復職を希望しない場合には金銭によって解決することが広く行われています。白黒はっきり付かない場合には、通常の裁判の判決では、100：0の判断しかできず、立証責任を負う労働者側が敗訴しがちであるのに対し、労働審判においては割合的な解決もなされています。

□労働審判の注意点

このように、労働審判には、良い特徴もある一方、注意を要する点も存在します。

1　複雑な判断を要する事件には向いていない

まず、複雑な判断を要する事件には向いていないという点です。たとえば、一般に組合差別や女性差別などの雇用差別事件については、たくさんの証拠を分析する必要がある上、差別に当たるかどうかの法的評価も緻密《ちみつ》な判断を要することが多く、審理期間の短い労働審判で扱うことは困難とされています。

このように、「事案の性質に照らし、労働審判手続を行うことが紛争の迅速かつ適正な解決のために適当でないと認めるとき」には、労働審判委員会は事件を強制的に終了させ、通常の裁判へ移行させることができます。

2　足して二で割ったような解決？

また、上記1のように、事件を終了させるまでではないが、事実認定（ある事実があるか否か）や法的判断（違法か否か）について、微妙な判断が求められる場合、安易に足して二で割ったような解決や立証責任を負う労働者側にとって不利な判断が示されることがあります。そのため、労働審判での解決が通常の裁判での解決水準よりも低くなってしまうこともあります。たとえば、残業代請求事案における労働時間の算定などで、過少に認定されてしまったりすることがあります。

たしかに、労働審判は「事案の実情に即した」解決が求められる制度ですが、「当事者間の権利関係を踏まえ」ることが大前提のはずです。法的判断を避ける安易な判断がなされないよう、申立時から積極的な主張立証を行い、労働審判委員会に判断を求めることが重要です。

このように、労働審判は迅速な解決を期待することができる制度ではありますが、極めて専門的な判断を要する手続でもあります。制度を利用する際にはぜひ、労働事件を専門的に取り扱っている弁護士に相談するようにしましょう。
（有野優太）

本書は、２０１７年12月～２０１９年10月、ウェブサイト「リテラ」に連載されていた「ブラ弁は見た！　ブラック企業トンデモ事件簿１００」を大幅に加筆修正のうえ、書籍化したものです。

ブラック企業被害対策弁護団（ぶらっくきぎょうひがいたいさくべんごだん）
違法な労働を強い、労働者の心身を危険にさらす「ブラック企業」問題に対応する弁護団として2013年7月、若手弁護士を中心に結成。北海道から沖縄県まで250人を超える弁護士が参加し、ブラック企業被害者の法的権利の実現や対応策の研究、調査、情報発信、社会への問題提起などに取り組んでいる。

ブラック企業《きぎょう》戦記《せんき》

トンデモ経営者《けいえいしゃ》・上司《じょうし》との争《あらそ》い方《かた》と解決法《かいけつほう》

ブラック企業《きぎょう》被害対策弁護団《ひがいたいさくべんごだん》

2024年12月10日　初版発行

発行者　山下直久
発　行　株式会社KADOKAWA
〒102-8177　東京都千代田区富士見2-13-3
電話　0570-002-301（ナビダイヤル）

装丁者　緒方修一（ラーフイン・ワークショップ）
ロゴデザイン　good design company
オビデザイン　Zapp!　白金正之
印刷所　株式会社暁印刷
製本所　本間製本株式会社

角川新書
 ISBN978-4-04-082518-2 C0295